KB271745

이 나를 지킨다

올바른 식생활
건강보조식품

뉴 라이프 지음

아름다운사회

올바른 식생활 건강보조식품이 나를 지킨다

올바른 식생활, 건강보조식품이 나를 지킨다

뉴 라이프 출판부

아름다운 사회

올바른 식생활, 건강보조식품이 나를 지킨다

1판 1쇄 찍음 / 2001년 09월 25일
1판 4쇄 펴냄 / 2008년 06월 10일

지은이 / 뉴 라이프 출판사
펴낸이 / 배동선
마케팅부/ 최진균, 서설
총무부/ 양상은
펴낸곳 / 아름다운 사회

출판등록일자 / 2008년 1월 15일
등록번호 / 제2008-1738호

주소 / 경기도 하남시 감북동 125번지 (⌥465-818)
대표전화 / (02)479-0023
팩스 / (02)479-0538
E-mail / assapub@naver.com

Korean Translation Copyright ⓒ 2001 by Beautiful Society Publishing Co.
Printed & Manufactured in Seoul, Korea

ISBN 89-89724-23-6 (03320)

값 5,000원

* 잘못된 책은 교환해 드립니다.

서문

사람들은 흔히 물질적인 풍요, 행복, 사랑, 하고 싶은 일을 하는 것 등의 소망을 갖습니다. 그리고 그 모든 소망의 기초가 되는 것은 바로 '건강'입니다.

건강을 잃으면 그 무엇도 아무런 의미가 없습니다. 그렇기 때문에 어느 시대를 막론하고 사람들의 공통적인 관심사는 '언제까지나 젊고 아름답게 그리고 건강하게 살고 싶다'는 것입니다.

하지만 오늘날 우리를 둘러싸고 있는 환경은 그러한 우리의 소망에 어두운 그림자를 얹어주고 있습니다. 각종 첨가물이 많이 들어간 식품, 영양분이 적은 야채, 공기 오염, 오존층 파괴에 따른 자외선 증대 등 날이 갈수록 환경이 악화되고 있는 것입니다.

더불어 세상이 각박해지고 삶이 치열해지면서 각종 스트레스가 전보다 한층 더 많아져 상태를 더욱더 나쁘게 만들고 있습니다.

이러한 현실을 반영하듯 실제로 암, 고혈압, 심장병, 당뇨병 등의 성인병은 꾸준히 증가하고 있습니다. 그렇다면 이러한 현실 속에서 건강하게 살기 위해서는 어떠한 것에 주의해야 하며 어떤 것을 유념해야 할까요?

무엇보다 중요한 것은 생활 자세를 바꾸는 것입니다. 즉, 의료나 의약품에 의지하기 전에 우선 규칙적인 생활, 적당한 운동, 풍부한 식생활로 매일매일 건강에 유의하는 것이 좋습니다.

하지만 문제는 우리들이 섭취하는 식물에 함유된 영양 성분들이 갈수록 줄어들고 있다는 것입니다. 특히 전에 비해 비타민, 미네랄이 부족해졌으며 여기에 각종 식품첨가물이 함유되어 우리들이 바라는 이상적인 것과 거리가 멀어져 있습니다.

예를 들면 시금치에 함유된 비타민 C를 20여년 전처럼 섭취하기 위해서는 그 당시에 시금치 1단으로 가능했던 것을 오늘날에는 8단을 먹어야 그 정도의 영양을 섭취할 수 있습니다.

아무리 맛좋은 것일지라도 이 정도까지 섭취하는 것은 무리입니다. 그러므로 뭔가 다른 방법으로 영양을 보충할 수 있는 길을 모색해 보아야 합니다.

물론 해답은 있습니다.

그것은 식사만으로 부족한 비타민과 미네랄을 보다 안전하고 보다 효과가 뛰어난 '건강보조식품'에서 보충하는 것입니다.

이 책은 그러한 관점에서 인체의 구조, 암, 비만, 성인병 등을 보다 쉽게 설명하고 있으며 비타민, 미네랄, 건강보조식품 등이 왜 필요한지를 알려주고 있습니다.

지금은 그 어느 때보다 건강에 대해 관심을 기울여야 할 시기입니다. 우선 기본적인 의학, 건강에 대해 알아두십시오. 그리고 그것을 살려 자기 자신은 물론이고 가족의 건강을 유지하면서 육체적·정신적으로 보다 풍요로운 삶을 살아가기 위해 어떻게 해야 하는지를 생각해 보십시오.

이 책이 당신의 건강을 지키는데 있어서 보탬이 되었으면 하는 바램입니다.

차례

우리를 둘러싸고 있는 환경

풍요 속의 영양부족

당신은 혹시 현대를 살아가는 대부분의 사람들이 영양실조에 걸려있다는 사실을 알고 있나요? 이것이 사실일지라도 그것을 믿는 것은 쉽지 않을 것입니다.

왜냐하면 우리의 주변에는 24시간 내내 먹고 싶은 것을 얼마든지 사먹을 수 있는 편의점들이 존재하고 또한 칼로리 높은 식품을 배불리 먹을 수 있으니까요.

하지만 우리가 누리고 있는 풍요로움의 이면에는 '아토피성 피부염'으로 고생하는 사람, 봄이 되면 꽃가루에 의한 화분증으로 고통스러워하는 사람, 전혀 병명을 알 수 없는 희귀한 증상으로 곤란을 겪는 사람들이 늘고 있습니다.

특히 요즘의 아이들에게는 과거에 비해 '끈기가 부족하고 침착하지 못하다', '사소한 변화에도 초조와 불안감을 느낀다', '집중력이 떨어진다'는 등의 증상이 많이 나타나고 있습니다.

그렇다면 이러한 현상이 나타나는 이유는 무엇일까요?

최근의 연구결과에 따르면 이러한 모든 것들의 근본원인은 우리들이 섭취하는 '음식물'에 있다고 합니다. 즉, 우리가 섭취하는 식품에 '칼로리'는 충분히 함유되어 있지만 비타민, 미네랄 등 몸에 필수적인 영양소들이 결핍되어 있기 때문에 그 여파로 건강에 이상이 발생하고 있다는 것입니다.

그렇다면 비타민, 미네랄이 우리 몸에 대단히 중요하다는 얘기인데, 그 이유를 알아보고 더불어 부족한 상태가 어느 정도인지 살펴봅시다.

사람에게 필요한 영양소

몸에 반드시 필요한 '6대 영양소'

인간에게 필요한 영양소는 무엇일까요?

사람들은 보통 이러한 질문을 받으면 '단백질, 탄수화물, 지방'을 이야기합니다. 하지만 이 영양소만으로 사람의 건강을 지키는 것은 무리입니다.

물론 '인간에게는 단백질, 탄수화물, 지방과 더불어 비타민, 미네랄의 영양소도 필요합니다'라고 대답하는 사람도 있을 것입니다. 이러한 사람들은 영양에 대해 관심이 높은 편이라 할 수 있지만, 아직 그 영양소만으로는 부족합니다.

왜냐하면 인간에게는 그 다섯 가지 영양소에 '식이 섬유'가 덧붙여진 '6대 영양소'가 필요하기 때문입니다.

6대 영양소란?

다음에 설명하는 영양소 중에서 ①~③은 인간의 몸을 만들거나 활동에 필요한 에너지를 생성합니다. 이것을 자동차에 비유한다면 '자동차를 달리게 하는 가솔린'이라고 할 수 있습니다.

① 탄수화물(당질)

몸의 에너지원이며 세포의 활동을 활발하게 해줍니다. 그리고 근육과 뇌를 움직이는 에너지이기도 합니다. 주요 함유식품으로는 밥, 빵, 국수 등이 있습니다.

② 단백질

몸의 살, 피부, 뼈, 머리카락 등을 만드는 원천이며 호르몬을 만들어내는 근원이기도 합니다. 그리고 이것은 체

내에서 만들어지며 몸의 여러 가지 작용을 촉진하는 물질
입니다. 주요 함유식품으로는 생선, 고기, 대두제품, 계란
등이 있습니다.

③ 지방(지질)

식품으로 섭취된 지방은 보통 지방세포에 축적되어 있
다가 필요할 때마다 당질과 마찬가지로 에너지로 변환됩
니다. 주요 함유식품은 버터, 샐러드유, 마요네즈 등이 있
습니다.

다음의 ④~⑥은 ①~③의 물질을 몸 속에서 잘 연소
시키거나 몸의 여러 가지 작용을 조절하는데 있어서 없어
서는 안 될 영양소들입니다.

④ 비타민

몸 속에서 일어나고 있는 생명의 여러 가지 화학반응
의 흐름을 조정하는 물질입니다. 다시 말해 몸의 여러 가
지 기능이 원활히 이루어지도록 '윤활유' 역할을 하는 것
입니다. 주요 함유식품으로는 야채, 과일, 버섯류 등이 있
습니다.

⑤ 미네랄

몸 속의 여러 가지 작용을 조절하는 효소와 호르몬의
원료가 되는 물질로 해수와 암석에 포함된 칼슘, 철 등의

미량원소를 말합니다. 주요 함유식품에는 작은 물고기의 뼈, 해초, 야채 등이 있습니다.

⑥ 식이 섬유(섬유질)

야채와 해초 등에 함유된 섬유질을 의미하는 것으로 장 속에서 유해물질을 흡수하거나 소화흡수의 스피드를 컨트롤합니다. 또한 배변을 정상적으로 만들어줍니다. 주요 함유식품으로는 야채, 해초, 쌀겨 등이 있습니다.

이러한 6대 영양소를 그림으로 나타내면 다음과 같습니다. 그리고 질병과 고르지 못한 건강은 이러한 관계의 균형이 무너질 때, 발생하게 됩니다.

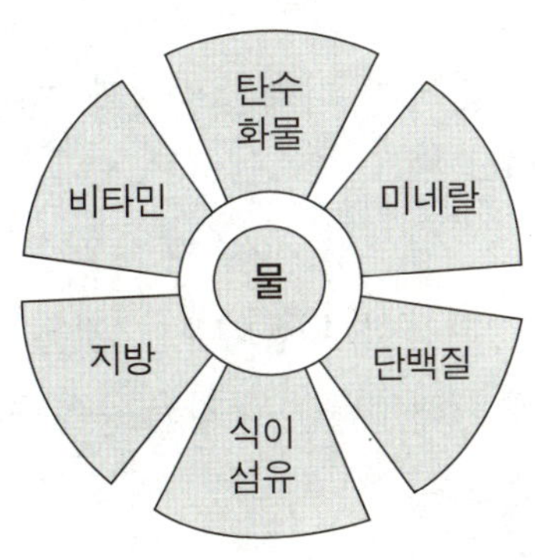

그림에서 보듯이 6대 영양소의 가운데에 '물'이 존재하고 있습니다. 만약 물에 염소 등의 유해성분이 섞여 있으

면 그것을 제거하기 위해 귀중한 비타민, 미네랄이 소비
됩니다. 그러므로 우리는 가능한 한 좋은 물을 섭취해야
합니다.

음식물의 소화와 흡수 구조

건강의 기본은 올바른 식사에 있습니다.
그러면 입으로 들어간 음식물이 몸 속에서 어떻게 분
해되어 '변'으로 배출되는지 그 구조를 알아보겠습니다.

소화의 흐름
① 입
입안에서는 '타액'이 나와 음식물과 섞이며 전분의 일
부가 소화됩니다.
② 위
위안에서는 '위액'이 나옵니다. 그것은 강한 산성으로
음식물과 함께 체내에 들어온 잡균 등을 죽이고 단백질의
일부를 소화합니다.
③ 십이지장
위와 소장을 연결하는 부분으로 여기서는 간장과 췌장
으로부터 나온 소화액이 모여 탄수화물, 단백질, 지방 등

의 영양소가 모두 소화됩니다.

이 단계를 지나면 이제는 약알칼리성의 세계가 펼쳐집니다.

④ 소장

소장으로부터는 '장액'이 분비되어 소화의 끝마무리가 이루어집니다. 그리고 분해된 영양분은 소장의 주름에 무수히 붙어 있는 융털돌기로부터 흡수되어 간장으로 운반됩니다.

그리고 영양성분이 소장의 융털돌기로부터 흡수될 때, 당질은 포도당, 단백질은 아미노산, 지방은 글리세린과 지방산이 되어 간장으로 운반됩니다.

⑤ 대장

대장 내에는 유산균 등의 무수히 많은 장내세균이 서식하고 있으며 수분 등을 흡수합니다. 그리고 대장 속의 상태가 나빠지면 변비와 설사가 생깁니다.

간장의 기능

간장은 몸의 화학공장으로 소장에서 흡수된 양분을 일단 분해하고 합성하여 필요한 영양소를 만들고 그것을 다시 피와 살로 만듭니다.

그리고 몸에 들어온 화학물질과 알코올 등의 유해물질

은 여기서 분해되어 무해한 물질로 변화됩니다. 또한 지
방분해에 필요한 담즙도 여기서 만들어집니다.

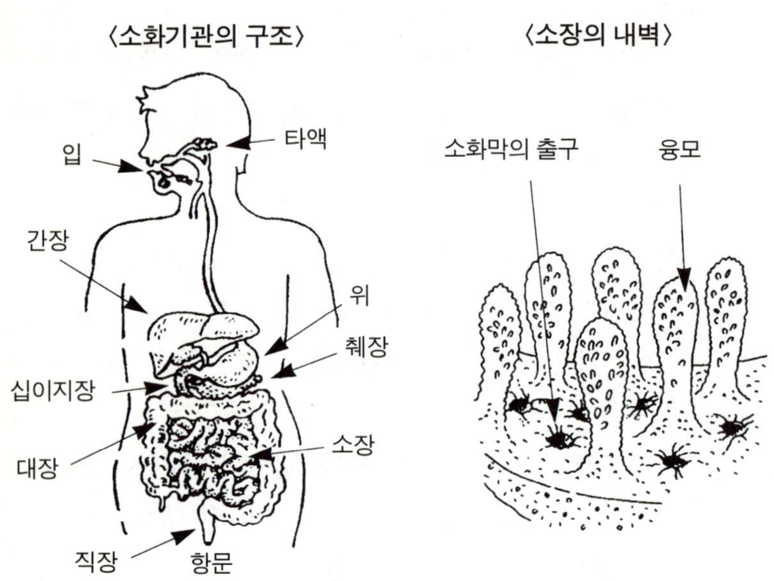

췌장의 기능

췌장에서는 단백질, 지방, 탄수화물의 3대 영양소를 모
두 분해하는 췌액이 만들어집니다. 또한 당뇨병, 비만과
관계가 깊은 인슐린이라는 호르몬도 여기서 만들어집니
다.

바다는 모든 생물의 고향

　아주 오랜 옛날, 모든 생물은 '바다'에서 태어나 점점 땅에서도 살 수 있는 생물로 진화해 왔습니다. 그렇기 때문에 바다에 대해 연구를 해보면 지금 우리들에게 무엇이 필요한지 알 수 있습니다.

　믿기 어렵겠지만, 지금도 여러분의 몸 속에는 바다가 있습니다. 다음과 같은 사실이 그것을 증명합니다.

　① 인간의 혈액 속 염분 농도는 '바다' 속의 염분 농도와 거의 비슷합니다.

　② 아기가 10개월을 보내는 엄마의 '자궁 속 양수'는 거의 바다와 같은 성분으로 구성되어 있습니다.

　이것은 우리 인간이 바다와 깊은 관련이 있다는 것을 증명해 주고 있습니다. 그러면 지금도 바다 속에서 살고 있는 물고기와 달리, 땅 위에서 살게 된 생물들이 어떠한 문제를 안고 있는지 아십니까?

　땅에서 사는 생물은 바다 속에 풍부하게 함유되어 있는 칼슘이나 철분 등의 미네랄(생명을 유지하기 위해 반드시 필요한 미량원소) 등을 섭취하기가 어렵습니다.

　바다 속의 생물은 해수 중에 풍부히 녹아 있는 미네랄을 어떤 불편함도 없이 자연스럽게 흡수할 수 있습니다.

그러나 땅에 사는 생물은 그것이 가능하지 않습니다. 그렇기 때문에 땅에 사는 생물은 식물이나 조개류, 미역 등의 해초를 섭취하는 것으로 그것을 몸으로 흡수해야만 합니다.

'뼈를 만드는 칼슘'이라 불리는 미네랄도 마찬가지입니다. 이때, 주의할 것은 뼈가 단순히 몸을 지탱하는 역할만 한다고 생각하면 오산이라는 점입니다.

왜냐하면 뼈에는 혈액 중의 칼슘이 부족할 때, 그것을 스스로 녹여서 보충하는 기능도 있기 때문입니다. 그것은 바다에 풍부하게 함유되어 있는 칼슘을 어떻게 해서든 자신의 몸 속에 축적해 두고자 하는 땅 위 생물의 지혜입니다.

혹시 칼슘과 관련하여 '임신했을 때, 입덧으로 인해 충분한 영양소를 섭취하지 못했던 임산부가 아기를 낳자마자 뼈가 약해졌다'고 하는 이야기를 들어본 적은 없습니까?

그 원인은 아기의 골격을 만들기 위해 어머니 몸의 뼈나 이의 칼슘이 녹아났기 때문이라고 할 수 있습니다. 이처럼 칼슘을 비롯한 미네랄이라는 미량성분은 인간의 몸에 있어서 매우 중요한 물질입니다.

비타민과 미네랄의 작용

그렇다면 인간의 몸에 그토록 중요하다는 비타민과 미네랄에 대해 간단하게 살펴보겠습니다.

비타민

비타민의 종류는 우리가 흔히 알고 있는 A, C, E를 비롯하여 대략 13종으로 몸에서 만들어지지 않기 때문에 모두 음식물로부터 섭취해야 합니다.

비타민은 우리의 몸이 순조롭게 움직이도록 하는 '윤활유'와 같은 것으로 만약 그것이 부족하면 몸의 상태가 안 좋아지기 때문에 성장이 멈춰버리게 됩니다.

또한 비타민을 충분히 섭취하면 피로회복이 빨라지고 체력증강, 성인병을 예방할 수 있는 효과를 기대할 수 있으므로 적극적으로 섭취하는 것이 좋습니다.

실제로 감기에 걸렸을 때, 감기 약을 복용하지 않고 2시간 간격으로 다량의 비타민 C를 섭취하여 병의 조기회복을 꾀하는 사람도 있습니다.

미네랄

미네랄은 칼슘이나 철, 마그네슘 등 미량원소를 말하는

것으로 바닷물 속에 많이 녹아 있으며 흙이나 돌에도 포함되어 있습니다. 그리고 미네랄이 부족하면 비타민과 마찬가지로 몸의 컨디션이 나빠지거나 성장이 멈추기도 합니다.

최근, 뼈에 구멍이 숭숭 뚫려 부러지기 쉬우며 일단 부러지면 누워서 꼼짝도 하지 못하는 '골다공증' 역시 10대나 20대 시절에 칼슘을 충분히 섭취하지 않았던 사람들에게서 많이 일어나는 증상입니다.

그리고 철분의 부족이 빈혈을 초래한다거나 마그네슘의 결핍이 심근경색의 원인이 된다는 것도 잘 알고 있을 것입니다.

우리가 몸이 약해졌을 때 흔히 생각하는 것은 '인삼'입니다. 사실, 인삼은 몇 년 동안이나 흙 속의 미네랄을 빨아들이며 성장하기 때문에 미네랄 덩어리라고 할 수 있습니다. 따라서 인삼을 섭취하게 되면 거기에 함유된 미네랄이 사람의 세포에 골고루 퍼져 몸의 상태를 좋게 만들어주는 것입니다.

장수촌의 비결

흔히 자연경관이 빼어나고 물이 좋은 곳에 사는 사람

들은 장수한다고 합니다. 그러면 일본의 오키나와현에 사는 사람들을 사례로 하여 장수의 비결을 알아보겠습니다.

① 해초류를 잘 먹는다.

오키나와현의 미야코섬 사람들은 근해에서 채취되는 해초, 미역 등을 잘 먹습니다. 그리고 돼지갈비와 다시마, 무 등을 섞어 푹 끓여 비타민, 미네랄이 풍부한 국도 먹고 있습니다.

② 식물성 단백질, 야채, 기름을 균형 있게 먹는다

특히 미야코섬 사람들은 야채와 두부, 콩나물, 계란 등을 넣고 지진 '야채 부침개'를 자주 먹습니다. 이것은 영양적으로 균형이 잘 잡힌 음식물이라 할 수 있습니다.

③ 칼슘을 많이 함유한 수돗물

미야코섬은 산호초로 이루어진 섬이기 때문에 지하수로부터 얻는 수돗물에는 칼슘 성분이 많이 함유되어 있습니다.

그러한 영향으로 미야코섬의 각 가정에서 쓰는 주전자 밑에는 어느 집이나 할 것 없이 칼슘이 들러붙어 새하얗게 되어 있습니다. 결국 이들은 자연스럽게 몸에 필요한 칼슘을 섭취하고 있는 것입니다.

④ 스트레스가 적은 대가족 생활

미야코섬에서는 사람들이 자주 모여 여흥을 즐기고 함께 이야기를 나누며 그 날의 스트레스는 그 날로 풀고 있습니다. 또한 어릴 때부터 조상이나 노인을 공경하는 습관도 몸에 배어 독특한 문화를 형성하고 있습니다.

결국 '장수의 비결'은 '올바른 식생활과 생활습관을 지키는 것'이라고 말할 수 있습니다.

장수의 비결

① 육식보다 생선이나 대두로부터 단백질을 섭취한다.
② 당근, 호박처럼 녹황색 채소를 많이 먹는다.
③ 해초류를 풍부하게 먹는다.
④ 편식, 과식은 하지 않는다.
⑤ 된장국 등 발효식품을 자주 먹는다.
⑥ 스트레스를 받지 않도록 생활에 유의한다.
⑦ 공해나 유해물질이 적은 생활환경을 유지한다.

현대인의 식생활과 환경

당신을 비롯하여 주위 사람들의 식생활은 '장수의 비결'과 비교하여 어떻다고 생각합니까? 자칫 잘못하면 현대인의 식생활은 다음과 같이 이루어지기 쉽습니다.

고칼로리, 고지방 중심의 식사

서구 중심의 식생활 즉, 고칼로리, 고지방 중심의 식사
는 각종 성인병과 비만을 초래하기 쉽습니다.

비타민, 미네랄, 식이 섬유가 부족한 식사

만약 당신이 4, 50대의 나이라면 당신이 초등학생이던
시절의 일반적인 식사와 요즘 아이들의 일반적인 식사를
비교하여 그 차이점을 생각해 봅시다.

과거의 아침식사	밥·두부·미역 등이 들어 있는 된장국, 계란, 멸치, 김, 된장, 시금치나물, 야채조림, 생선구이 등
요즘의 아침식사	빵, 마가린, 우유, 주스, 양상추, 햄, 햄버거, 소시지 등

위의 표를 통해 알 수 있듯이 요즘의 아이들이 좋아하
는 식사내용으로는 영양소가 부족하지 않을 수 없습니다.
그렇기 때문에 영양의 불균형이 일어나게 됩니다. 즉, 비
타민, 미네랄, 식이 섬유는 부족한 반면 탄수화물, 지방,
단백질은 과다섭취 하는 현상이 발생하는 것입니다.
홍콩의 「사우스차이나 모닝포스트」지는 '미국의 아이들
은 6살에 벌써 동맥경화증이 시작된다'라고 미국의 심각

한 상황을 꼬집고 있습니다. 이것은 동물성 식품을 배불리 먹고 TV 앞에서 몇 시간씩 앉아 있는 미국 어린이들의 상황을 지적하는 것인데, 동물성 식품에는 콜레스테롤과 포화지방이 많이 함유되어 있기 때문에 심근경색이나 뇌졸중의 원인인 동맥경화증을 촉진시킵니다.

어쨌든 요즘의 아이들이 좋아하는 식사내용으로는 영양소가 부족할 수밖에 없습니다. 그렇기 때문에 다음의 그림처럼 찌그러진 영양상태를 보이게 되는 것입니다.

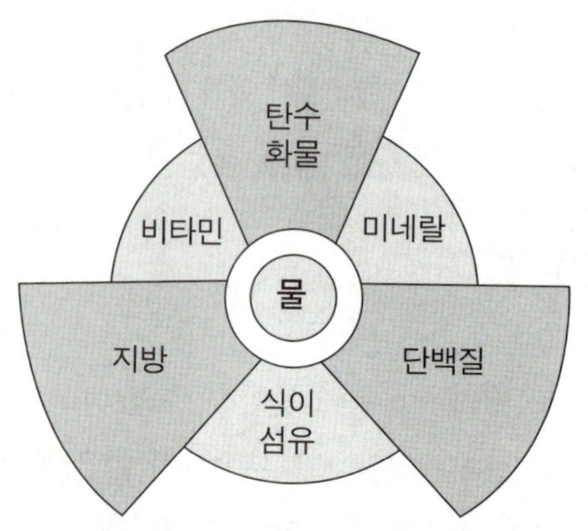

미국 국립건강통계센터의 자료에 따르면 18~44세의 백인여성을 조사한 결과, 비타민과 미네랄의 부족이 현저하다는 것을 발견하게 되었습니다. 특히 칼슘, 철분, 비타민 A, 비타민 C의 부족이 두드러졌는데, 칼슘은 56%, 철분은 92%, 비타민 A는 65%, 비타민 C는 49%나 부족한

것으로 나타났던 것입니다.

한편, 미국에서 신생아 사망률이 줄어든 가장 큰 이유는 가난한 임산부에 대해 비타민, 미네랄 등의 영양보조식품을 공급하는 정책 덕분이라고 합니다.

올바른 식생활로 건강을 유지하기 위해서는 다음과 같은 음식을 골고루 섭취하는 것이 좋습니다.

① 두부, 된장 등에 함유된 식물성 단백질
② 육류로부터가 아니라 생선으로부터의 단백질
③ 김, 미역, 시금치 등에 함유된 비타민, 미네랄 류
④ 우유로부터가 아닌 작은 물고기로부터의 칼슘
⑤ 야채조림, 해초 등에 함유된 식이 섬유

환경의 악화

오늘날에는 지난 20~30년 전과 비교하여 대기오염, 자외선의 증가, 수돗물 수질의 변화, 음식물에 포함된 유해물질의 증가 등으로 인해 생활환경이 매우 악화되어 있습니다.

이것은 땅에 들어 있어야 할 성분에도 변화를 일으켜 지금의 야채에 함유된 비타민은 '과거의 약 8분의 1'수준에 지나지 않습니다. 땅으로부터 충분한 영양을 흡수하지

못한 야채에 영양소가 부족한 것은 당연한 현상입니다.

그리고 대기오염 물질인 아황산가스, 이산화질소 등이 대기층의 수분과 반응하여 아황산이나 아질산 등 강산이 되어 빗물에 녹아 토양에 스며든다는 것도 커다란 문제입니다. 이렇게 되면 논이나 밭에서 재배되는 농작물은 충분한 미네랄 성분을 토양에서 얻을 수 없게 됩니다. 따라서 이것은 곧 식품의 영양성분을 줄이는 원인이 되는 것입니다.

특히 칼슘, 철, 아연, 크롬, 셀레늄 등 건강에 커다란 영향을 미치는 미네랄들은 식물체 내에서 합성이 불가능하므로 토양에서 부족하게 되면 자연스럽게 식품에서도 부족할 수밖에 없습니다.

미국의 저명한 영양학자인 패스워터 박사는 그의 저서 『암의 영양요법』에서 이렇게 말하고 있습니다.

"오늘날처럼 날마다 발암물질을 접촉하고 있는 상황에서 50~100mcg의 셀레늄 보충제를 먹지 않는다는 것은 자살하려는 것과 같다. 특히 셀레늄이 적은 식사를 하는 사람들은 암과 심장병을 막기 위해 셀레늄을 섭취하는 것이 무엇보다 중요하다. 셀레늄을 충분히 섭취하게 되면 모든 암이 감소될 것이다."

스트레스의 증가

우리가 살아가는 사회는 갈수록 복잡화, 다양화하고 있으며 그 속에서 우리가 받는 스트레스 또한 증가하고 있습니다. 따라서 아이들은 아이들대로 '왕따 현상', '등교거부' 등의 문제가 불거지고 있으며 어른들의 세계에도 관료주의, 노동의 과밀화 등이 진행되어 사회 전체가 스트레스가 쌓이기 쉬운 환경 하에 놓여 있는 것입니다.

이러한 상황에서 옛날과 비교하여 오늘날 암이나 각종 성인병 등이 점점 더 늘어나고 있는 것은 어쩌면 당연한 현상이라 할 수 있습니다. 그러므로 이제는 뭔가 대책을 세워야만 합니다. 그렇지 않으면 훗날 돌이킬 수 없는 건강의 이상을 발견하게 될 수도 있습니다.

과거와 현재의 야채 영양 비교

야채 속에 함유된 영양의 차이

요즘은 건강에 대한 관심이 높아져 많은 사람들이 유기농법으로 재배된 야채를 찾고 있습니다. 또한 직접 야채를 재배하여 식탁에 올리는 사람도 있는데, 그렇게 생산된 토마토, 오이, 고구마, 양파, 무, 브로커리 등은 맛도 좋고 영양가도 풍부합니다.

그렇다면 일반 슈퍼에서 팔리고 있는 야채는 어떠할까요? 그 야채들은 겉보기에는 먹음직스러워 보이지만, 고유의 맛이 덜하고 단지 수분과 섬유질로 이루어져 있을 뿐이라는 느낌을 갖게 합니다.

시금치 100g 중에 함유된 비타민 C의 양

1950년	1963년	1982년	1994년
150mg	100mg	63mg	13mg

이것은 일본 홋카이도 농업시험장에서 조사한 것으로 비타민 C의 함유량을 표시한 데이터입니다. 이 표에 의하면 현재의 베이비붐 세대(1946~1964년에 출생한 사람들)가 초·중생 시절에 먹었던 시금치에 비해 현재의 시금치에는 약 8분의 1정도의 영양소가 들어있다는 얘기가 됩니다. 따라서 그 당시와 같은 양의 비타민 C를 섭취하려면 그 8배의 양을 먹어야 한다는 계산이 나옵니다.

그리고 지금은 세월이 더 흘렀고, 지구환경이 전보다 더 나아지지 않았다는 점을 감안한다면 아마도 영양소는 더욱더 많이 파괴되었을 것입니다.

유기농법으로 재배된 야채

흙 속에는 여러 가지 균이나 세균류가 서식하고 있으며 그 균들은 여러 가지 물질 예를 들면 동·식물의 시체나 배설물을 분해하게 됩니다. 그리고 그것을 식물의 성장에 필요한 비료로 바꿔 식물에게 제공하는 중요한 역할을 담당합니다.

그렇기 때문에 유기농법으로 야채를 재배하면 흙 속의 균, 세균류가 퇴비를 분해하여 미네랄을 생성하고 그것이 야채 속에 흡수되기 때문에 맛과 영양이 풍부한 것입니다.

하지만 유기농법으로 야채를 재배하려면 시간과 노력이 많이 요구되고, 또한 수확한 야채도 조금씩 벌레 먹은 곳이 있거나 모양이 비뚤어지기도 하므로 겉모양은 결코 좋지 않습니다. 그래서 온갖 농약을 살포하여 미끈하게 다듬어진 야채에 비해 덜 먹음직스러워 보입니다.

비타민, 미네랄이 풍부한 야채 재배법

① 태양을 많이 쬐고 퇴비를 사용한다.
② 지렁이, 균, 세균 등이 풍부한 흙으로 재배한다.
③ 농약은 가능한 한 사용하지 않는다.

일반적인 야채 재배법

우리가 슈퍼에서 흔히 사다 먹는 야채는 어떻게 재배되는 것일까요? 그러한 야채들은 '제철 출하'라는 의식 없이 가능한 한 빠른 시간 내에 속성재배를 하여 비싼 값에 파는 것을 목적으로 합니다.

그렇기 때문에 다음과 같은 방법으로 재배를 합니다.

① 제초 작업비를 줄이고 가능한 한 빨리 생산하기 위해 농약이나 화학비료를 많이 사용합니다.

② 상품가치를 높이기 위해서 비닐하우스 재배를 통해 출하시기를 조절합니다.

③ 병충해를 줄이고자 흙을 사용하지 않고 비료를 녹인 물에서 기르는 수경재배도 이용합니다.

그러나 이러한 방법으로 재배된 식물은 충분한 햇빛을 쬐지 못하거나 흙 속에 있는 여러 가지 미네랄을 흡수하지 못하게 됩니다.

따라서 비닐하우스나 화학비료에 의존하는 야채재배가 일반화될수록 야채에 함유된 비타민과 미네랄은 오히려 격감하는 추세를 보이고 있습니다.

왜 오이의 모양이 예전처럼 크고 작은 다양한 모양이 아니라 일률적인 크기로 슈퍼에 놓여 있을까요? 왜 호박은 미끈하게 잘 빠진 모양으로 똑같이 생겼을까요?

그 이유는 간단합니다. 이제는 뭔가 생각을 바꿔야 하는 것이 아닐까요?

우리 주변의 위험한 식품

사람들이 점점 빠르고 쉽고 간단한 것을 추구하는 경향이 강해지면서 먹거리에도 많은 변화가 일어나고 있습니다. 즉, 가능한 한 간단히 먹을 수 있거나 아니면 금방 이용할 수 있는 식품이 인기를 끌고 있는 것입니다.

또한 그러한 식품을 제조하는 사람들도 가능한 한 빠르고 쉽게 요리할 수 있는 것, 싸게 만들 수 있는 것을 추구하기 때문에 우리의 몸에 좋지 않은 성분이 들어가는 경우가 많습니다. 그 중에서 다음과 같은 사례는 극히 일부에 지나지 않습니다.

① 인스턴트 라면에 첨부된 스프, 카레, 소스 등에는 상당한 양의 화학조미료나 식품첨가물이 들어 있습니다.

② 진공포장쌀밥, 식품, 햄, 소시지 등에는 몇 년 전에 수확된 오래된 쌀이나 소·돼지 이외의 고기 등이 사용되는 일도 많습니다. 따라서 가공단계에서 냄새를 없애거나 맛을 내기 위해 화학물질과 화학조미료가 많이 쓰여집니

다.

③ 양식어나 식·육용 동물(소, 돼지, 닭 등)의 사료에는 성장을 촉진시키기 위한 호르몬제, 질병에 걸리지 않도록 하는 항생물질 그리고 약 등이 많이 섞여 있습니다.

④ 계란 노른자의 색을 진하게 하기 위해 사료에 착색제를 섞는 경우도 있습니다. 이러한 계란의 영양가는 아무 것도 첨가하지 않은 계란의 약 ⅓정도입니다.

이러한 종류의 화학물질이 인체에 들어오면 대부분 간장에서 분해되지만, 그것을 분해하기 위해 간장에 엄청난 부담을 주게 됩니다. 또한 일부 유해물질 등은 체외로 배출되지 않고 서서히 몸 속에 축적되기도 합니다.

아이들을 둘러싸고 있는 환경

요즘의 아이들이 좋아하는 메뉴는 햄버거, 햄, 만두, 토스트, 크림 수프, 카레라이스, 볶음밥, 스파게티 등입니다. 하지만 이러한 음식은 대부분 동물성 단백질 중심의 고칼로리, 고지방의 식사 메뉴입니다. 따라서 요즘의 아이들은 비타민, 미네랄이 부족하여 안절부절못하거나 성인병이 쉽게 발병하는 체질로 되어 가고 있습니다.

특히 요즘 아이들의 식생활에는 다음과 같은 특징이 나타나고 있는데, 이것은 대단히 위험한 문제점을 내포하고 있습니다.

① 아이들이 좋아하는 반찬은 고유의 야채조림 등이 아니라 햄버거, 카레 등 육식 중심의 음식으로 변화되었습니다.

이러한 식사는 식이 섬유의 부족, 동물성 지방이나 칼로리의 과다섭취 등의 문제를 유발하며 암이나 비만 등의 원인이 되기도 합니다. 또한 이러한 식사는 꼭꼭 씹어먹지 않아도 먹을 수 있기 때문에 턱이나 뼈의 성장에도 좋지 않습니다.

② 어느 곳에 가든 자판기가 설치되어 있기 때문에 청량음료나 캔 음료를 자유롭게 마십니다.

하지만 청량음료를 많이 마시면 설탕을 지나치게 섭취하기 쉽고 비타민 부족을 일으키거나 당뇨병의 원인을 만드는 근원이 됩니다. 또한 청량음료에는 산화방지제 등의 식품첨가물도 들어 있기 때문에 과다섭취하면 문제를 일으킵니다. 예를 들어 청량음료를 마시면 그만큼 비타민 B_1의 부족을 초래하게 됩니다.

③ 식품 첨가물, 합성 착색료, 지방분, 당분, 염분 등이 많이 함유된 스낵 과자류, 패스트푸드 등을 쉽게 구입할

수 있습니다.

이러한 식품은 그 자체만으로 칼로리가 충분하기 때문에 포만감을 느끼게 합니다. 하지만 그것만으로는 비타민, 미네랄 부족을 일으키고 더불어 지방분, 염분 등의 과다 섭취는 고혈압이나 동맥경화의 원인이 되기도 합니다.

실제로 요즘 아이들 중에는 이미 성인병에 가까운 증상이 나타나고 있는 아이들도 있습니다. 그리고 서서히 증가하고 있는 아토피성 피부염, 소아암 환자 등도 이러한 식사와 결코 무관하다고 할 수는 없습니다.

심지어 이러한 상황이 진행되면 아이들이 성장했을 때, 평균수명은 지금보다 20~30년 하향할지도 모른다는 예측도 나오고 있습니다.

위험한 환경에 대한 대책

우리를 둘러싸고 있는 '위험한 환경'과 '위험한 식품'의 일부를 소개하겠습니다. 다음과 같은 점에 주의하십시오.

컵 라면 식사를 피한다
컵 라면에는 상당한 양의 유분, 염분, 합성첨가물이 들어 있습니다. 그러므로 컵 라면을 자주 먹는 것은 생각해 볼 문제입니다.

또한 컵 라면의 용기에서 녹아나는 유해물질의 위험성에도 충분히 주의를 기울여야 합니다. 컵 라면에는 끓인 물을 붓기 때문에 용기에서 스틸렌 등의 유해화학 물질이 녹아나기 때문입니다.

TV, 전자레인지, 휴대폰을 멀리한다

'화면을 오랫동안 주시하며 TV를 보거나 컴퓨터를 조작한다.'

'전자레인지로 음식을 데울 때, 전자레인지 가까이에서 그것을 계속 쳐다보고 있다.'

'휴대폰을 장시간 사용한다.'

이러한 행동을 통해 눈이 피로하거나 머리가 멍해지는 느낌을 받았던 것은 없습니까?

오늘날 우리의 주변에는 눈에 보이지 않는 전자파가 떠돌아다니고 있기 때문에 우리의 눈이나 두뇌에 좋지 않은 영향을 미치고 있다고 합니다. 그러므로 이러한 도구들을 사용할 때는 가능한 한 떨어져서 사용하는 것이 좋습니다. 특히 휴대폰은 발신 시 강한 전자파가 나오기 때문에 주의해야 합니다.

수돗물은 5분 이상 끓인다

도시에서 사용하는 수돗물의 상당수는 '염소'를 대량으로 투입하여 정화시키고 있습니다. 흔히 '어항의 물을 갈 때는 수돗물을 받아서 곧바로 넣지 말 것'이라거나 '수영장에서 자주 수영하는 사람은 머리카락이 푸석푸석해진다'고 하는 것은 '염소' 때문이라고 할 수 있습니다.

특히 그 염소가 수중의 더러움과 결합되면 '트리할로메탄'이라는 발암물질로 변화된다는 것을 알고 있습니까? 이러한 물질을 함유하고 있는 수돗물을 생수로 그냥 마신다는 것은 위험한 일입니다. 따라서 수돗물을 마실 경우에는 5분 이상 끓이고 난 후, 차게 해서 마시는 것이 안전합니다.

레몬차에 레몬 조각을 넣지 않는다

수입레몬과 바나나, 파인애플 등은 현지에서 완숙되기 전에 수확됩니다. 그리고 수확 후에는 수송할 때 발생하는 곰팡이를 방지하기 위해 발암성의 우려가 있는 OPP(곰팡이 방지제) 등의 농약을 뿌려 출하됩니다. 그러므로 이러한 과일의 껍질에는 고농도의 농약이 남아 있을 우려가 있습니다.

그리고 시판되는 레몬의 90%이상은 외국산이기 때문

에 커피숍에서 나오는 것의 대부분은 이러한 레몬이라고 할 수 있습니다. 그러므로 레몬차에 레몬 조각을 넣지 말고 즙만 넣어서 마시는 것이 안전합니다.

캔 맥주를 주의하라

영국의 의학잡지 「란세트」는 '알츠하이머병(노인성 치매증)'은 알루미늄캔에서 녹아난 알루미늄에 의해 일어날 가능성이 높다'라고 밝히고 있습니다. 또한 영국 왕립연구소는 '맥주의 당은 췌장암을 유발할 가능성이 있다'고 경고하고 있습니다. 그리고 덴마크에서는 환경오염과 자원의 낭비라는 측면에서 자국 내에서의 캔 맥주 판매가 금지되어 있습니다.

치약의 계면활성제를 주의하라

우리가 흔히 사용하는 치약에도 세탁용이나 부엌용 세제처럼 계면활성제가 포함되어 있다는 것을 알고 있습니까? 계면활성제라고 하는 것은 발암물질이 생성될 가능성이 높은 위험물질입니다.

게다가 치약은 직접 입 속에 넣는 물질이기 때문에 적은 양일지라도 삼킬 위험성이 있습니다. 그리고 계면활성제는 미각을 잃어버리게 하는 작용도 하고 있습니다.

그 증거로 대부분의 사람들은 이를 닦은 후에 음식을 먹으면 그 맛이 이상하게 느껴지는 경험을 하게 됩니다. 물론 소비자의 건강을 생각하는 마음으로 하나 하나의 제품에 정성을 다하는 회사도 있겠지만, 그렇지 못한 회사도 있으므로 주의해서 선별하는 것이 좋습니다.

이러한 환경의 문제에 대해 주의를 함과 동시에 올바른 식생활을 지켜나가는 것이 바람직합니다.

첫째, 비타민과 미네랄을 제공하는 야채와 해조류를 많이 먹습니다. 이때, 가능한 한 가공도가 낮은 것을 먹어야 합니다. 둘째, 빵은 가급적 통밀로 만든 것을 먹습니다. 셋째, 설탕의 섭취량을 줄입니다.

영양문제에 관한 권위자들의 의견을 종합해 보면 다음과 같은 결론을 얻을 수 있습니다.

□ 식생활 개선으로 심장병을 30%정도 줄일 수 있다.

□ 지나친 알코올 섭취를 피하면 식도암을 반으로 줄일 수 있다.

□ 식생활 개선으로 고혈압이나 콜레스테롤 치를 내릴 수 있다.

□ 식생활 개선으로 심장발작을 일으킨 사람도 훨씬 오래 살 수 있다.

제2장
노화와 성인병의 발생구조

산화와 노화

산화란 무엇인가?

당신은 지구가 태어난 46억 년 전쯤에는 이 지구상에 산소가 거의 없었다는 사실을 알고 있습니까? 생물에게 있어 반드시 필요한 산소는 바다의 해초류 등이 조금씩 만들어내기 시작해 20억 년 이상이나 걸려 만들어낸 물질입니다.

그리고 인간을 비롯한 대부분의 생물들은 이 산소를 이용하여 몸 속에서 영양분을 분해하고 에너지를 만들어 생활하고 있습니다. 이렇게 물질이 결합하는 작용을 '산화'라고 하는데, '산화'는 우리들이 살아가는데 있어서 가장 중요한 화학반응이라고 할 수 있습니다.

주변에서 흔히 볼 수 있는 '산화'

우리들 주변에서 흔히 볼 수 있는 '산화반응'에는 다음과 같은 것이 있습니다.

① 벽에 박혀 있는 압핀이나 못이 점점 녹이 슨다.

이것은 철이 공기 중의 산소에 의해 산화된 것입니다.

② 주머니에 넣거나 가볍게 휴대할 수 있는 일회용 난로를 사용할 때, 봉지의 봉한 부분을 잘라 밖에 내놓으면 잠시 후 따뜻해진다.

이것은 주머니 속에 있는 철가루가 공기에 닿아 산화하여 열이 발생한 것입니다.

③ 사과를 자른 뒤, 그냥 두면 자른 부분이 적갈색으로 변한다.

이것은 사과의 성분이 공기 중의 산소와 접촉하여 산화했기 때문에 다른 물질이 된 것입니다.

주의할 것은 이러한 변화가 인간의 몸 속에서도 일어나고 있다는 점입니다.

노화란 무엇인가?

인간의 몸에는 약 60개조의 세포가 있다고 합니다. 그리고 그 하나 하나가 혈액으로부터 산소와 영양분을 받아들이고 산소로 영양분을 연소시켜 에너지를 얻게 됩니다.

이때, 몸 전체가 건강하다고 하는 것은 몸 속의 모든 세포에 산소와 영양분이 골고루 퍼져 순조롭게 '산화반응'이 일어나고 있다는 것을 의미합니다.

그렇다면 만약 어느 한 세포에 산소나 영양분이 운반되지 않아 산화반응이 일어나지 않는다면 어떻게 될까요?

그 부분에는 세포자체가 상처를 입게 되어 사멸하게 됩니다. 이러한 상태가 몸 속의 여기저기에서 일어나게 되면 몸의 각 부분이 점점 원활하게 움직이지 못하게 되는데, 이것이 바로 '노화'나 '질병'입니다.

흔히 '노화는 혈관으로부터 시작된다'고 합니다. 즉, 혈관이 막히거나 세포에 산소와 영양분이 운반되지 않으면 세포 자체가 상처를 입어 파괴되며 이것이 노화나 질병의 원인이 되는 것입니다. 한 마디로 말해 '노화란 몸의 세포가 여기 저기 상처를 입어 몸의 각 부분을 제대로 사용할 수 없게 되는 것'이라고 할 수 있습니다.

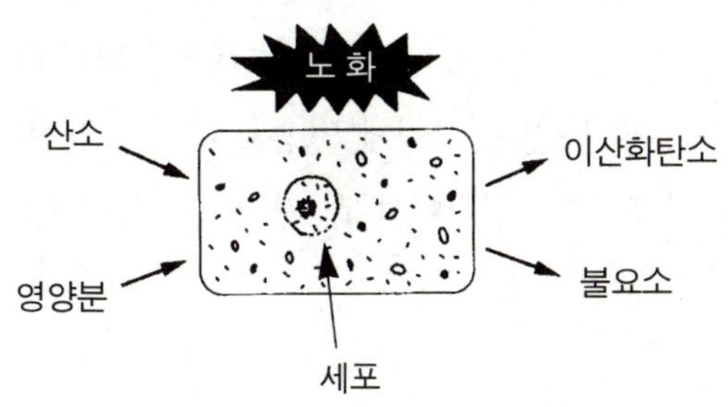

인간의 수명과 노화

인간의 수명

모든 생물에는 '수명'이라는 것이 있습니다.

특히 '인간의 노화'에 대해 세계적 권위자인 잭 파이퍼는 인간의 수명에 대해 이렇게 말합니다.

"인간이 건강하다고 하는 것은 인간의 몸에 존재하는 몇 십 조의 세포 하나 하나가 건강하다는 것을 의미합니다. 만약 개개의 세포가 병이 나면 결국 그 사람 자체가 병이 나며 심지어는 목숨을 잃게 될 수도 있습니다.

유전학의 관점에서 본다면 인간은 최저 90에서 115세까지 건강한 몸으로 살 수 있습니다. 하지만 실제로 대부분의 인간은 30년이나 빨리 노화가 시작되며 그 결과 60세 이상이 되면 대부분의 사람들이 한 두 가지 이상의 질환을 앓고 있습니다."

결국, 천수를 누린다고 하는 것은 90세까지 별다른 질병에 걸리지 않고 건강하게 살다가 환하게 밝혀주던 전등이 갑자기 빛을 잃듯 그렇게 일생을 마치는 것이라고 할 수 있습니다. 결국 인간이 본래 가지고 있는 수명은 최소한 90세인 셈입니다.

인간의 노화

왜 대부분의 인간은 40세가 넘어서면 노화가 시작되고 60세 이상이 되면 성인병에 걸려 꼼짝 못하고 누워있거나 다른 사람의 보살핌을 받아야 하는 것일까요?

이것은 나이를 먹어감에 따라 이곳저곳의 세포가 손상을 입어 약해져가기 때문입니다.

의학계에서는 이미 오래 전에 노화를 초래하는 주원인이 '활성산소(유해산소)'의 '나쁜 작용'에 있음을 밝혀냈고, 그것이 몸의 세포를 공격하여 세포 하나 하나를 못쓰게 만들기 때문이라는 설이 일반화되어 있습니다.

그렇다면 그 '활성산소(유해산소)'라고 하는 것은 도대체 어떤 물질일까요?

'활성산소(유해산소)'의 정체

활성산소(유해산소)란?

인간은 1분 동안만 해도 수십 번이나 공기중의 산소를 받아들입니다. 그리고 세포는 그 산소를 이용하여 영양분을 연소시키고 살아있는 에너지를 생성합니다.

그런데 문제는 이러한 과정에서 '보통 산소'의 약 4%가 전자가 결핍된 '나쁜 산소'로 변화된다는 점입니다. 그리고 이 나쁜 산소는 주위의 산소를 공격하여 전자를 약탈하게 됩니다. 이처럼 인체에 해를 끼치는 나쁜 산소가 바로 '활성산소(프리 래티칼)'입니다.

'활성산소'의 '활성'이라는 말은 '공격적'이라는 의미이며, 다른 산소를 무차별로 공격합니다. 그렇다면 공격을 받은 산소는 어떻게 될까요?

공격을 받은 산소는 불행하게도 나쁜 물질로 변하며 또 다시 주위의 물질에 대해 나쁜 짓을 하는 악순환이 일어나게 됩니다.

주변에서 흔히 볼 수 있는 활성산소(유해산소)

우리가 상처를 소독하기 위해 사용하는 소독약(과산화수소)을 상처 주위에 떨어뜨리면 부글부글하는 거품이 일어납니다.

이것이 바로 산소거품입니다. 즉, 소독약에서 발생한 활성산소가 상처 주위의 세균을 죽이고 난 뒤, 보통 산소로 되돌아온 것이 거품으로 일어나는 것입니다.

이 경우 소독약에서 발생하는 활성산소는 상처에 붙어 있는 세균을 공격하는 동시에 상처 주위의 세포도 공격하기 때문에 세포까지 손상을 입게 됩니다.

활성산소가 몸 속에서 대량으로 발생한다면?

체내에서 활성산소가 발생하면 그것은 우선 세포를 싸고 있는 막(세포막)에 달려들어 지방산의 전자를 빼앗게 됩니다. 그러면 습격을 당한 지방산은 그 옆에 있는 지방산의 전자를 빼앗기 위해 덤벼들고 그 공격은 연쇄적으로 점점 퍼져나갑니다.

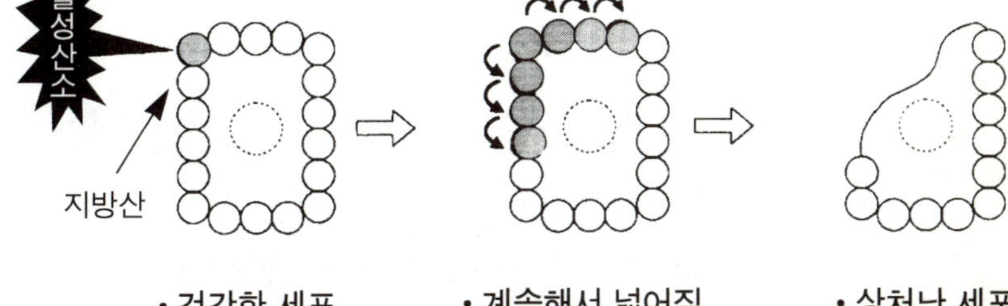

물론 몸 속에는 이러한 공격으로부터 몸을 지키는 항산화 물질이 있어 그 공격에 대항합니다. 하지만 그러한 공격을 몇 번이나 집중적으로 받게 되어 항산화 물질이 없어지게 되면 몸의 세포 자체가 점점 산화됩니다.

그리하여 다음과 같은 질병을 유발하게 됩니다.

① 활성산소(유해산소)의 공격에 의해 세포 핵 속에 있는 암을 전하는 유전자 뚜껑이 열려 일부분의 세포가 암

이 됩니다. 그리고 암세포는 보통세포와 달리 수명이 없는 '괴물'과 같은 존재로 한없이 늘어납니다.

② 활성산소의 공격에 의해 세포를 둘러싸고 있는 지방산은 과산화지질이라는 '나쁜 기름'이 됩니다. 그리고 이것이 증가하면 동맥경화증을 일으키는 원인이 됩니다.

활성산소(유해산소)가 대량으로 발생하는 이유

대량 발생의 원인

하나 하나의 세포가 산소를 이용하여 영양분을 연소시킬 때마다 그 일부가 활성산소로 변화됩니다. 예를 들어 쥐는 세포 한 개로 매일 평균 1조 개의 산소분자를 사용하지만 약 4%(400억 개)는 나쁜 활성산소로 변한다고 합니다. 하지만 이렇게 발생하는 활성산소는 몸 속에 본래부터 존재하는 항산화 물질이 제거해 주기 때문에 몸은 안전하게 보호를 받습니다.

그러나 다음과 같은 경우에는 활성산소(유해산소)가 보통 때보다 몇 배나 많이 발생하여 다양한 질병의 원인이 되고 있습니다.

① 자기 자신의 문제로 인한 활성산소의 대량발생

- 담배를 피웠을 때
- 술을 마셨을 때
- 스포츠나 심한 운동으로 몸에 무리를 가하거나 대량의 산소를 사용했을 때
- 강한 스트레스나 흥분에 의해 피의 흐름이 일시적으로 멈추거나 다시 흐르기 시작할 때
② 주위의 환경문제로 인한 활성산소의 대량발생
- 병원에서 뢴트겐 촬영 등으로 방사선을 쏘였을 때
- 자외선이나 전자파 등을 쏘였을 때
- 공장의 유해가스, 자동차의 배기가스 등을 마셨을 때
- 체내에 병원균이 들어왔을 때
- 체내에 의약품, 식품첨가물, 제암제 등의 화학물질이 들어왔을 때

활성산소(유해산소)의 대량발생 구조

인체는 체내에 들어오는 이물질을 공격하여 해롭지 않은 물질로 변화시키는 작용을 통해 몸을 지킵니다. 이때, 이물질을 공격하는 기관총 같은 역할을 하는 것이 바로 활성산소입니다.

예를 들어 체내에 병원균 등의 이물질이 들어왔다고 가정해 봅시다.

이것을 발견한 백혈구의 일종인 호중구(好中球)나 마이크로파지 등은 그것을 잡아먹는 것과 동시에 자신의 체내에서 만들어진 활성산소를 대량으로 내뿜어 병원균의 숨통을 끊어 놓습니다. 이렇게 하여 몸은 보호되지만, 그 때 남아 있던 활성산소는 주위의 세포를 손상시키게 됩니다.

그러므로 만약 당신이 언제까지나 건강한 삶을 살고자 한다면 다음의 두 가지를 유의해야 합니다.

① 가능한 한 활성산소가 대량으로 발생하는 원인을 제공하지 않도록 항상 주의한다.

② 활성산소가 대량으로 발생해도 그것이 금방 소멸해버릴 수 있는 체질을 만들도록 평소에 주의한다.

자외선은 살인광선

적당한 양의 자외선은 지구상의 세균이나 곰팡이의 발생을 억제합니다. 그것은 마치 태양이 지구라는 이불을 소독해주는 것과 같은 원리입니다.

그리고 일광욕은 체내에서 비타민 D를 만들어내는 작용을 하기 때문에 적당한 일광욕은 반드시 필요합니다.

이처럼 지구에 어느 정도 자외선이 내리쬐는 것은 매

우 중요한 일이며, 그 강도를 잘 조절해주는 것이 바로 지구를 둘러싸고 있는 '오존층'입니다.

하지만 이미 알고 있는 바와 같이 서서히 그 오존층이 파괴되어 지구상의 생물 전체가 강한 자외선에 노출되고 있다는 것이 문제가 되고 있습니다.

과거에는 그렇게 흔하던 개구리의 모습을 쉽게 찾아볼 수 없는 이유 중의 하나는 강한 산성비의 영향과 더불어 자외선 양의 증가라고 합니다. 즉, 자외선의 양이 옛날에 비해 강해졌고 개구리의 피부가 거기에 견디지 못해 그 수가 감소하고 있는 것인지도 모른다는 견해가 나오고 있는 것입니다.

어쨌든 자외선이 피부에 닿기만 해도 다량의 활성산소가 발생하게 됩니다. 이 활성산소에 의해 피부에서는 산화작용이 일어나고 그것이 기미, 주근깨로 되는 것입니다. 그리고 피부암은 그것이 더욱더 진행된 상태입니다. 결국 자외선은 '살인광선'이 될 수도 있는 것입니다.

가공식품의 발달과 영양소 손실

영양소의 손실 사례로써 가장 흔히 비유되는 것이 바로 감자 칩입니다. 일반적으로 감자는 전분질 식품이지만 감자 칩은 지방질 식품으로 전혀 다른 성질을 띠고 있습니다. 예를 들어 구운 감자는 1%의 지방밖에 없지만 감자 칩에는 40%나 있으며 게다가 가공과정에서 비타민 C는 파괴되고 맙니다.

그렇다고 식물성기름으로 칩을 만들면 그 대신 비타민 E가 섭취될 것이라고 생각할지 모르지만, 현대의 식물유 제조과정에서는 비타민 E가 완전히 사라지고 합성항산화제인 BHA, BHT 등이 첨가되고 있습니다.

여기에 튀김을 가열하는 과정에서 BHA나 BHT는 소실되기 때문에 튀긴 식품에서 그 효과를 보기는 어렵습니다. 그리고 식물유에 함유된 불포화지방산은 항산화제의 보호 없이는 안전하지 못하므로 시간이 경과함에 따라 과산화지질을 생성하게 됩니다. 따라서 오래된 기름으로 튀겼거나 튀긴 후 시간이 경과된 튀김류를 먹는 것은 독을 먹는 것과 비슷한 결과를 빚습니다.

과산화지질과 위험한 기름

과산화지질이란?

신선한 버터는 옅은 노란색을 띠고 있는데 비해 오래된 버터는 짙은 노란색에 흐늘흐늘한 상태가 되어 버립니다. 이처럼 '과산화지질'이란 '변질된 버터'와 흡사합니다.

즉, 본래 불포화지방산이라는 '보통 기름'인 버터가 공기중의 산소에 의해 과산화지질이라는 '위험한 기름'으로 변화한 것입니다.

이러한 일은 감자 칩이나 인스턴트 라면을 오랫동안 직사광선에 방치해 두거나 튀김용 기름을 몇 번 반복하여 사용함으로써 발생하게 됩니다. 이처럼 활성산소는 '보통 기름'을 '위험한 기름'으로 변질시키는 작용을 합니다. 그리고 이러한 '위험한 기름'이 몸 속에서 날뛰면 여러 가지 질병을 초래하게 되는 것입니다.

과산화지질은 단백질과 결합하여 리포푸스친이라는 물질로 변하는데, 이 물질은 노화물질로 노인반점의 성분입니다. 또한 과산화지질은 독성이 매우 강하기 때문에 체중 1kg당 17mcg이면 반수치사량이 됩니다. 반수치사량이라고 하는 것은 실험동물의 절반 이상을 죽일 수 있을 정도로 독성을 지닌 독물의 양을 말합니다.

결국 이것은 체중이 60kg인 사람은 불과 1.02mg으로도 죽을 가능성이 50% 이상이나 된다는 얘기입니다.

과산화지질이 유발하는 질병

성인병 진단 시, 사람들은 보통 콜레스테롤이나 중성지

방의 수치에 신경을 씁니다. 하지만 그러한 것은 대부분 '보통 기름'이기 때문에 그것이 혈관을 흐른다고 하여 나쁜 것은 아닙니다. 그런데 그 보통 기름이 활성산소의 공격을 받아 '위험한 기름' 즉 과산화지질로 변화하면 문제가 생깁니다.

'위험한 기름'은 혈관 벽에 달라붙어 서서히 혈관을 약하게 만들거나 심지어 혈관을 파괴하는 원인이 되기도 합니다. 예를 들어 물뿌리개용 비닐호스를 생각해 보십시오. 그것은 직사광선이나 산성비 혹은 더러움 등에 의해 서서히 탄력이 줄어들며 딱딱하게 됩니다. 그리고 결국에는 금이 가거나 물이 새고 쉽게 부러집니다.

이때, 수압을 혈압이라고 생각하고 호스는 혈관, 물은 혈액이라고 생각하면 그 관계를 보다 쉽게 이해할 수 있습니다. 즉, 혈관이 파열되면 '뇌출혈', 뇌의 혈관이 위험한 기름으로 막히면 '뇌혈전'이 되는 것입니다.

그리고 이러한 증상이 심장을 둘러싸고 있는 혈관에서 일어나면 '협심증'이나 '심근경색'이 되어 버립니다. 그 결과 각각의 세포에 피가 운반되지 않으면 세포는 금방 산소와 영양이 부족하게 됩니다. 그러면 뇌와 심장의 세포는 서서히 죽어가며 그것은 곧 각 기관의 죽음으로 이어집니다.

특히 뇌나 심장의 세포는 한 번 죽으면 두 번 다시 재생되지 않기 때문에 뇌나 심장의 질병으로 목숨을 잃는 사람이 많은 것입니다.

그러므로 건강한 삶을 영위하기 위해서는 세포나 혈관을 산화시켜 산성상태로 만들면 안 됩니다. 그렇기 때문에 몸의 녹을 방지하는 물질을 체내에 많이 축적해 놓는 것이 중요합니다.

'백내장'은 활성산소와 과산화지질이 원인

백내장은 나이를 먹어감에 따라 눈의 렌즈가 흐려져 눈이 잘 안 보이는 질병으로, 이것이 왜 생기는지를 알게 되면 자외선, 활성산소, 과산화지질의 관계를 잘 이해할 수 있습니다.

사실, 우리의 눈은 태어나면서부터 계속 자외선에 노출됩니다. 그리고 눈이 자외선에 닿을 때, 활성산소가 발생하기 때문에 항산화 물질이나 비타민, 미네랄이 끊임없이 그것을 제거하려 합니다.

하지만 나이를 먹어감에 따라 항산화 물질의 발생이 둔해지기 때문에 활성산소를 모두 제거하지 못하게 되고, 남아 있던 안구 속의 지방분, 즉 '보통 기름'을 활성산소가 공격하여 '위험한 기름', 즉 과산화지질로 변화시켜 버립니다.

그리고 그 '위험한 기름(과산화지질)'은 혈관 벽에 달라붙듯이 안구 속에 있는 렌즈에 부착하기 때문에 눈이 잘 안 보이게 되는 것입니다.

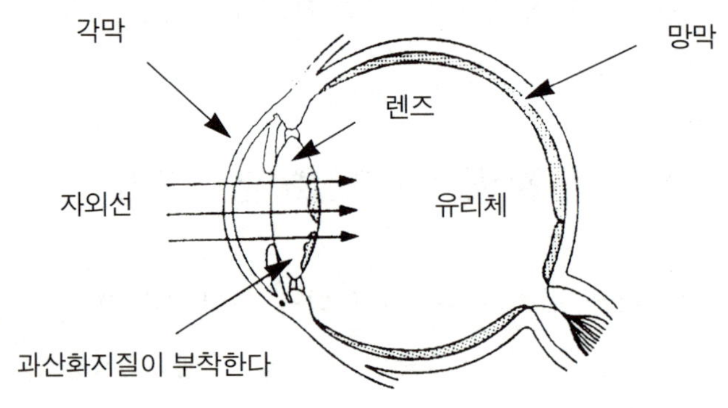

〈눈의 구조와 백내장〉

그렇다면 백내장을 막기 위해 필요한 주의사항이 무엇인지 알아봅시다.

① 강한 자외선에 노출되지 않도록 가능한 한 한낮의 외출을 피한다. 어쩔 수 없이 외출을 해야 한다면 선글라스를 쓰거나 양산을 쓴다.

② 발생한 활성산소를 곧바로 없애고 항산화 물질을 많이 섭취하여 더 이상 안구에 붙어 있는 과산화지질이

늘어나지 않도록 한다.

암의 발생구조

암의 발생

도로를 만들 때, 사용하는 콜타르라는 물질을 토끼 귀에 약간 상처를 내어 그곳에 발랐을 경우 어떠한 현상이 일어날까요? 물론 콜타르라는 물질은 유해물질이기 때문에 상처부위의 세포는 활성산소를 필사적으로 없애면서 이물질에 대항합니다.

하지만 이러한 일을 반복하며 1년 정도 지나면 어느 날 갑자기 토끼 귀의 콜타르를 붙인 부분에 돌 같은 세포 덩어리가 발생합니다. 이것이 바로 암세포입니다.

이렇게 생겨난 암세포는 보통 세포보다 몇 십 배나 번식력이나 생명력이 뛰어나기 때문에 점점 증식하게 됩니다. 결국 암이란 활성산소에 의해 상처를 입어 세포가 최종적으로 포기한 결과 생겨난 '괴물' 같은 세포라고 할 수 있습니다.

암을 유발할 가능성이 높은 지방

지방을 지나치게 많이 섭취하면 그것이 동물성이든 식

물성이든 암을 유발할 가능성이 높아집니다.

우선 지방을 섭취하면 인체는 이것을 소화하기 쉽도록 유화하기 위해 담즙을 분비합니다. 그런데 담즙 속에는 데옥시콜산이라는 담즙산이 들어 있으며 이것이 장내세균에 의해 분해되어 메틸콜란트렌이라는 발암물질을 생성하는 것입니다.

결국 지방의 섭취량이 많아질수록 담즙의 분비량도 많아지고 따라서 담즙산의 양도 늘어나 결국은 발암물질의 생성량도 커지게 되는 것입니다. 이것은 지방이 동물성이든 식물성이든 관계가 없습니다.

또한 지방의 과다섭취는 뇌하수체에서 프로락틴이라는 황체자극호르몬을 분비하도록 만드는데, 이것은 황체호르몬뿐만 아니라 유즙 분비도 촉진시키는 작용을 합니다. 그러면 유방암을 일으키는 원인이 되는 것입니다. 그러므로 지방을 섭취할 때에는 충분한 주의를 기울이는 것이 좋습니다.

담배에 의한 폐암 발생

담배에 의한 폐암의 발생구조도 이와 비슷합니다. 담뱃진인 타르가 폐에 들어가면 이물질을 잡아먹는 식세포가 타르를 먹고 그것을 연소시키기 위해 대량의 활성산소(유해산소)를 내보냅니다.

이때, 생기는 활성산소(유해산소)는 담배 한 갑을 피울 때마다 약 일백 조 개라고 하며 이 활성산소가 폐세포도 계속 공격하게 됩니다.

물론 체내에서 만들어진 항산화 물질은 계속 대항하게 되는데 중년이 지남에 따라 항산화 물질은 잘 나오지 않게 되며 선천적으로 항산화 물질이 잘 나오지 않는 사람도 있습니다. 이렇게 몇 년이 흐르면 어느 날 갑자기 폐세포핵 속에 있는 DNA(유전자)가 상처를 입어 돌연변이를 일으키고 폐 속에 암세포가 발생합니다.

이러한 괴물이 생기면 조기에 발견하여 커지기 전에 잘라내는 것이 무엇보다 중요합니다. 이것을 그냥 방치했다가 계속 증식하면 암세포가 혈관 벽을 파손시키고 혈액을 통해 다른 기관으로 이전하기도 하기 때문입니다.

물론 잘라낸 후에도 재발에 주의하지 않으면 안 됩니다. 그러므로 평상시나 특히 수술 후에는 암 발생 원인인 활성산소의 대량 발생을 억제하는 항산화 물질을 듬뿍 섭취해야 합니다.

방사선에 의한 항암치료의 문제점

암세포는 정상적인 세포에 비해 몇 십 배나 생명력이

강하기 때문에 계속해서 증식해 나갑니다. 이때, 암에 걸린 사람이 체력을 증강시키겠다는 목적으로 육류 등을 많이 먹으면 어떻게 될까요?

불행하게도 그러한 행위는 오히려 암의 증식 속도를 늘려 주는 결과를 초래합니다. 이러한 암세포를 죽이기 위해 흔히 사용하는 것이 독한 약이나 방사선인데, 이러한 치료는 암세포를 죽이는 것과 동시에 정상적인 세포도 함께 죽이게 됩니다.

게다가 이러한 치료는 활성산소(유해산소)를 대량으로 발생시키는 원인이 되기도 합니다.

따라서 이러한 치료법은 기존의 암을 죽임과 동시에 새로운 암을 발생시키는 어처구니없는 결과를 낳기도 합니다. 이러한 이유로 암환자 중에는 암 그 자체가 원인이 되어 죽는 것이 아니라, 독한 약이나 방사선의 부작용으로 사망하는 경우도 있습니다.

그렇기 때문에 특히 암 같은 경우는 치료보다는 예방의학이 더욱더 중요한 것입니다. 예를 들어 비타민 C가 암이나 심장병의 예방에 도움이 된다는 것은 누구나 알고 있지만, 담배 1개피를 피우면 비타민 25mg이 파괴된다는 것에 대해서는 무관심합니다.

즉, 충분히 주의를 기울이면 예방이 가능함에도 불구하

고 심각한 상황이 도래해야만 그 사실을 깨닫게 되는 것
이 현실입니다.

성인병의 90%는 활성산소가 원인

활성산소(유해산소)의 발생과 확산

그러면 지금까지 이야기한 '활성산소'와 '과산화지질'에
대해 정리해 봅시다.

첫째, 활성산소(유해산소)는 인간이 호흡하는 한 발생
할 수밖에 없으며 일반적인 활성산소는 몸이 만들어내는
황산화 물질에 의해 소거됩니다.

둘째, 활성산소(유해산소)는 술, 담배, 자외선, 방사선과
전자파, 자동차배기가스, 식품첨가물, 의약품, 농약 등의
화학물질로 인해 대량으로 발생합니다.

그리고 대량으로 발생한 활성산소는 세포막에 있는 지
방산 전자를 빼앗고 그 지방산은 빼앗긴 전자를 되찾기
위해 주위에 있는 지방산을 공격합니다.

그 결과, 이러한 현상이 연쇄적으로 발생하면서 지방산
은 과산화지질로 변하고 세포막이 상처를 입어 결국 세포
그 자체가 사멸되는 것입니다.

또한 활성산소에 의해 세포막이 상처를 입는 것과 동

시에 세포핵 속의 유전자도 활성산소에 의해 공격을 받습니다. 이때, 세포를 암화시키는 것을 억제하고 있는 유전자가 상처를 입으면 보통세포가 암세포로 변하여 증식을 시작하게 됩니다.

3대 성인병

우리나라 사람들의 사망원인을 살펴보면 1위가 암, 2위가 심장병, 3위가 뇌졸중입니다. 이 세 가지가 사망비율의 70%를 차지하고 있는 것입니다.

하지만 매일의 식생활에 주의함으로써 이 세 가지 질병을 예방한다면, 90세 이상까지 건강하게 살아갈 수 있습니다. 그리고 이제는 이러한 질병의 원인이 활성산소의 발생과 더불어 과산화지질에 있다는 것을 알게 되었을 것입니다.

① 암

체내에 발생한 활성산소(유해산소)가 세포 속의 핵에 있는 유전자를 공격하여 유전자 속의 암 유전자 뚜껑이 열리면 그 세포는 암세포가 되어 번식을 시작합니다. 이렇게 번식한 암세포가 혈액 속에 들어가 온몸에 퍼지면 불행한 사태를 초래하게 됩니다.

② 심장병과 뇌졸중

인간은 누구나 40세 정도가 되면 체내로부터 항산화 물질의 생성이 점점 나빠지며 동시에 활성산소를 제거하는 힘이 약해집니다. 이러한 상태에서 무리를 하거나 올바르지 못한 식생활을 하게 되면 없어지지 않은 활성산소가 대량의 과산화지질을 만들게 됩니다.

이렇게 쌓인 과산화지질로 인해 뇌나 심장의 근육에 뻗어 있는 혈관이 막히면 문제가 심각해집니다. 예를 들어 일시적이나마 혈관이 막히면 멈춘 혈액이 다시 흐를지라도 대량의 활성산소가 발생하기 때문에 그 쇼크로 심근경색이나 뇌경색이 발생하기 쉽습니다.

따라서 또 다시 과산화지질이 생겨나고 그것이 혈관 벽에 쌓이면 서서히 혈관이 막히고 약해져 쉽게 찢어지고 맙니다. 그 결과 뇌혈전이나 동맥경화를 일으키게 됩니다.

③ 당뇨병과 비만

40세 이상의 사람들 중에서 10명 중 1명은 당뇨병 환자라고 합니다. 이 병의 원인은 혈액의 당분을 낮춰주는 인슐린을 만드는 췌장 세포의 작용이 나빠졌기 때문입니다. 그리고 중년 이상의 사람이 눈에 띄게 비만일 경우에는 고혈압, 뇌졸중, 심장병, 당뇨병 등을 일으키는 원인이 됩니다.

비만은 인슐린의 작용이 쇠약해지거나 체내의 대사작

용이 떨어지는 것으로 인해 발생하기도 합니다. 이러한 증상을 예방하려면 몸이 지니고 있는 대사작용이 활발하게 일어나야 합니다.

활성산소(유해산소)가 원인인 질병

현재 질병의 90%는 활성산소의 대량발생이 원인입니다. 그리고 나머지 10%도 바이러스에 의한 질병이므로 '활성산소는 대부분의 질병과 관련되어 있다'고 보는 것이 좋을 것입니다.

다음에 열거하는 질병들은 활성산소가 관계하고 있는 것입니다.

> 노화, 암, 백내장, 류머티스, 당뇨병, 농약 중독증, 교원병(피부와 근육이 붙는 병), 뇌졸중, 동맥경화, 치주염, 방사선 장애, 아토피성 피부염, 파킨스병, 지방간, 신장염, 생리불순, 화분증, 치매증, 심근경색, 자궁 근종, 소아천식, 위 십이지장궤양, 간질, 임포텐츠

제3장
질병 예방과 활성산소 제거법

활성산소를 제거하는 '식물'

지구상에서 활성산소(유해산소)의 영향을 가장 강하게 받으면서도 그것을 왕성하게 흡수하여 살아가는 생물이 무엇인지 알고 있습니까?

그것은 바로 '식물'입니다.

식물은 좋든 싫든 해가 뜨면서부터 질 때까지 하루종일 흠뻑 자외선에 노출되어 있습니다. 그렇기 때문에 식물의 체내에는 다량의 활성산소가 발생하고 식물의 몸은 끊임없이 활성산소와 싸우게 됩니다.

만약 식물이 체내에서 발생하는 활성산소로 인해 상처를 입게 된다면 그 식물은 말라죽고 맙니다. 따라서 '식물 속에는 활성산소를 막는 물질이 많이 들어 있다'는 것을 알 수 있습니다.

실제로 볕이 안 드는 곳에서 자라난 식물은 잎이나 줄기의 색이 옅고 볕이 잘 드는 곳에서 성장한 식물은 짙은 색을 띠고 있습니다. 결국 그 '짙은 색'의 근원이야말로 자외선에 의해 발생하는 활성산소를 소거하는 물질임을 알 수 있습니다.

특히 잎이나 뿌리 속까지 짙은 색을 띠는 늙은 호박, 당근 등의 야채를 녹황색채소라고 하는데 이런 것들에 다량의 베타카로틴(비타민 A의 근원)이 함유되어 있습니다.

이처럼 식물에는 활성산소(유해산소)의 피해로부터 몸을 지키는 물질이나 약초처럼 질병을 고치는 물질까지 여러 가지 것들이 포함되어 있습니다. 물론 식물은 광합성이라는 작용에 의해 지구상의 전 생물에게 필요한 '산소'나 '영양분'을 만들어내는 중요한 역할도 하고 있습니다.

그야말로 식물은 인간에게 있어서 필요 불가결한 존재라고 할 수 있는 것입니다.

예를 들어 봅시다.

쌀 종자의 배아에는 대표적 항산화 물질인 비타민 E가 다량으로 함유되어 있습니다. 그 이유가 궁금하지 않습니까? 종자는 끊임없이 종자 그 자체 속에서 생기거나 자외선에 의해 발생하는 활성산소로부터 몸을 지켜 몇 년 후에도 발아할 수 있도록 준비하는 것입니다. 그렇기 때문에 강력한 항산화 물질인 비타민 E를 많이 저장하고 있습니다.

그러므로 인간이 현미나 배아로부터 비타민 E를 섭취하게 되면 식물이 듬뿍 저장해 온 활성산소로부터 몸을 보호하는 무기를 손에 넣는 셈이 됩니다.

반대로 '패러코트'라는 강력한 제초제는 식물의 체내에 다량의 활성산소를 발생시키는 물질을 함유하고 있습니다. 이것을 뿌리면 어떠한 식물도 활성산소에 져서 다음 날에는 말라버리는 것입니다.

만약 이것을 인간이 마신다면 어떻게 될까요? 폐에 다량의 활성산소가 발생하여 호흡곤란을 일으키고 100% 사망하게 됩니다.

이제는 식물, 활성산소, 항산화 물질의 관계를 잘 알게 되었을 것입니다.

활성산소를 퇴치하는 물질은?

활성산소(유해산소)는 보통 몸에 있는 항산화 물질에 의해 계속적으로 퇴치됩니다. 항산화 물질이란 '몸의 세포가 산화하는 것을 저지하는 물질'을 말하는데, 여기에는 다음과 같은 것이 있습니다.

① 비타민류(분자량 200~400)

비타민은 음식물을 통해 체외로부터 섭취되는 물질입니다. 즉, 대부분의 비타민은 몸에서는 만들어지지 않기 때문에 매일 매일 식사로부터 섭취해야 합니다.

그렇다면 매일 매일 비타민의 필요량을 섭취해야 하는 이유를 알아보겠습니다.

우선 과로, 급성간염, 심한 외상, 대수술, 피부화상을 입은 경우는 스트레스 호르몬의 생산량이 증가되어 비타민 A, C, B군의 요구량이 증가됩니다.

그리고 흡연자는 비흡연자에 비해 혈중 비타민 C의 농도가 40%나 저하되어 있고 베타카로틴, 비타민 B_6, 엽산, 비타민 E도 저하되어 있습니다.

더불어 지나친 음주는 생체 내 비타민 흡수와 이용을 저하시키고 알콜에서 유도된 칼로리는 식욕저하를 일으키므로 비타민 섭취 또한 저하됩니다. 따라서 비타민 B_1, B_6, 엽산, 비타민 C, 베타카로틴의 요구량이 증가됩니다.

또한 다이어트로 하루에 1,200kcal 이하의 칼로리를 섭취하는 경우, 충분한 비타민 섭취가 불가능하므로 거의 모든 비타민의 요구량이 증가합니다.

그리고 노인은 치아문제, 식욕부진 등으로 전반적인 음식섭취가 부족하고 흡수능력도 저하되어 있습니다. 따라서 노화와 관련된 질병을 예방하는 베타카로틴과 비타민 B, B_6, B_{12}, C, D, E, 엽산이 필요합니다.

한편, 청소년은 빠른 성장과 발육을 위해 많은 양의 비타민이 필요하며 편식이나 스낵류를 선호하므로 영양소가 부족하거나 불균형 상태인 경우가 많습니다. 그리고 임산부나 수유부는 태아나 유아에 영양분을 공급해야 하므로 모든 비타민의 요구량이 증가합니다. 이때, 비타민 A, D는 과잉섭취 시 태아기형을 유발하므로 주의해야 합니다.

특히 당뇨환자가 비타민을 충분히 보충하게 되면 '당'에 대한 저항력과 대사기능이 개선된다는 보고가 있습니다. 특히 비타민 B_6는 여성 호르몬 및 관련 호르몬 생합성시 필수적인 보조효소이므로 반드시 보충해 주어야 합니다.

그리고 다음과 같은 비타민은 체내에서 항산화 물질로써 작용합니다.

- 비타민 A(베타카로틴)
- 비타민 C

- 비타민 E
- 엽산

② 효소류(분자량 3만 이상)

효소는 몸 속에서 단백질과 미네랄로부터 만들어지며 비타민보다 형태가 매우 복잡한 물질입니다. 항산화 효소에는 다음과 같은 3가지가 있으며 이러한 것들이 만들어지기 위해서는 동, 아연, 망간, 철, 셀렌 등의 미네랄이 필요합니다.

- SOD(슈퍼 옥사이드 디스타제)

1개의 SOD로 9만 개나 되는 활성산소를 없애는 항산화 효소입니다. 분자의 중심부에는 동, 망간, 아연을 함유하고 있습니다.

- 카타라제

과산화수소를 제거하는 항산화 물질입니다. 이 효소를 만드는 데에는 철이 필요합니다.

- 그루타치온 파옥시다제(GSH-PX)

과산화수소를 제거하는 항산화 물질입니다. 이 효소를 만드는 데는 셀렌이 필요합니다.

최근의 가공식품 포장지를 보면 식품의 산화를 막기

위해 '비타민 C'나 '비타민 E'가 함유되어 있다는 표시가
되어 있습니다. 그 이유는 비타민 C나 E를 먼저 산화시
켜 식품 자체의 산화를 방지하기 위해서입니다.

이처럼 비타민 C나 E에 의해 산화로부터 보호받고 있
는 '식품'을 '우리들의 몸'과 바꿔놓고 생각해 보는 것도
이러한 작용을 이해하는데 도움이 될 것입니다.

비타민, 미네랄은 우리의 보물

비타민과 미네랄은 항산화 물질

지금까지 이야기한 내용을 정리하면 다음과 같습니다.

① 우리의 주위를 둘러싸고 있는 환경의 악화(공기, 자
외선 등)로 몸에는 다량의 활성산소(유해산소)가 발생하
기 쉬워지고 있습니다.

② 식품첨가물, 술, 담배 등에 의해서도 다량의 활성산
소가 발생합니다.

③ 발생한 활성산소(유해산소)를 없애기 위해서는 항산
화 물질인 비타민 A, C, E 등을 보다 많이 섭취하지 않으
면 안 됩니다. 또한 항산화 효소(SOD) 등의 물질도 다량
으로 필요합니다.

그리고 항산화 효소가 체내에서 만들어지기 위해서는

여러 가지 미네랄이 필요합니다. 그러므로 우리는 비타민과 함께 많은 미네랄도 섭취해야 합니다.

④ 현실적으로 볼 때, 야채에 함유되어 있는 비타민, 미네랄류는 과거에 비해 크게 감소하고 있습니다.

이것이 바로 우리가 놓여 있는 현실입니다. 그리고 미래를 짊어지고 나갈 아이들의 건강을 해치고 있는 가장 큰 원인 중의 하나입니다.

비타민과 미네랄을 많이 섭취하는 법

비타민과 미네랄을 좀더 많이 섭취하려면 어떻게 해야 할까요? 그 방법은 크게 나눠 다음의 두 가지입니다.

첫째, 옛날 그대로의 유기농법에 의해 재배된 야채를 섭취하는 것입니다.

둘째, 부족한 비타민, 미네랄을 식사와 더불어 건강보조식품으로 섭취하여 보충하는 것입니다.

하지만 유기농으로 재배한 야채를 구하는 것은 쉽지 않으며 또한 그 값은 보통 가격보다 2~3배나 비쌉니다. 그리고 정말로 유기농법으로 재배한 야채인지 선별하기가 쉽지 않습니다.

비타민, 미네랄의 결핍은 왜 문제가 되는가?

사람이 건강하게 살아갈 수 있으려면 일상적인 식사를 통해 8가지 필수아미노산, 16가지 미네랄, 20가지의 비타민 등 모두 44가지의 필수영양소를 공급받아야 하는데, 만약 불균형한 식사로 이들 가운데 단 한 가지라도 필요 수준 이하로 떨어지면 건강상태가 나빠지고 그로 인해 질병에 걸리게 됩니다.

이 44가지 영양소들은 마치 진주목걸이와도 같아서 그 중 단 한 알만이라도 빠져버리면 산산이 흩어져 버리고 마는 것입니다

특히 비타민이나 미네랄은 인체 내에 존재하는 약 300만 종류의 효소활동과 깊은 관계가 있습니다. 완전한 효소는 보통 단백질 부분과 활성기인 보효소 부분으로 구성되는데, 바로 그 활성기인 보효소 부분은 비타민이나 미네랄 그리고 유비퀴논 등으로 만들어집니다.

하지만 아직 과학자들에 의해 밝혀진 효소는 약 2,700여종에 지나지 않으며 나머지는 아직 신비의 베일 속에 감춰져 있습니다.

그리고 미국의 영양문제위원회에서는 영양의 불균형 상태를 나타내는 많은 조사자료를 검토한 후, 다음과 같

은 결론을 내리고 있습니다.

"미량영양소(비타민, 미네랄)의 부족은 사람들의 생활 수준과 전혀 상관이 없다."

즉, 돈이 있고 없고에 관계없이 많은 사람들이 비타민이나 미네랄의 부족상태에 놓여 있는 것입니다.

효소의 기능

효소는 식물, 동물 그리고 인간의 세포에서 자연스럽게 생성되는 물질로 단백질로 이루어져 있으며 우리 몸의 구석구석에서 매우 중요한 역할을 수행하고 있습니다.

즉, 탄수화물을 당으로 단백질은 아미노산으로 그리고 지방은 글리세린과 트리글리세라이드로 분해시키는 것입니다. 이렇게 분해된 물질은 우리의 몸으로 흡수되어 필요로 하는 새로운 분자를 형성하는데 사용됩니다. 그리고 인간의 몸에서 확인된 2,700가지의 효소는 각각 한 가지 종류의 화학반응을 나타냅니다.

따라서 우리의 신체는 적절한 기능을 수행하는 효소가 있어야만 호흡, 소화, 성장, 혈액응고, 감각 인지, 재생산 등의 다른 기능을 수행할 수 있습니다. 또한 효소는 신체의 전반적인 과정들을 빠르게 혹은 느리게 해주며 대사과정에 있어서 촉매제 역할을 합니다.

특히 소화과정에 있어서의 효소는 음식물로부터 유용한 영양소를 세포 속으로 방출하도록 하며 세포의 성장과 재생에 기초가 되도록 영양소를 분해합니다. 그러므로 적절한 효소는 건강한 신체에 필수적입니다.

효소의 필요성

우리의 신체는 소화기능을 포함하여 여러 가지 일을 수행하기 위해 일정 농도의 활동적인 효소를 필요로 합니다. 물론 효소는 우리의 몸에서 그리고 여러 가지 식물로부터 자연적으로 생겨나지만 살충제, 공기오염, 화학적인 첨가물, 조리 과정을 통해 파괴되기 쉽습니다.

만약 효소가 부족하게 되면 우리가 섭취한 음식물은 쓸모 없이 그대로 위장을 통과하여 배출되어 버릴 것입니다. 따라서 음식물의 분해를 도와주며 영양소의 흡수를 촉진해주는 효소제의 섭취가 필요한 것입니다.

효소의 종류

① 리파아제 : 기름과 지방의 소화 및 분해를 돕습니다.
② 셀룰라아제 : 섬유소의 소화 및 분해를 돕습니다.
③ 아밀라아제 : 녹말의 소화 및 분해를 돕습니다.
④ 락타아제 : 우유제품의 소화 및 분해를 돕습니다.

⑤ 프로테아제 : 단백질의 소화 및 분해를 돕습니다.

건강보조식품은 '제2의 야채'

왜 건강보조식품을 섭취해야 하는가?

지금의 야채를 통해 유기농법으로 재배한 야채로 비타민과 미네랄을 섭취하는 것처럼 영양분을 흡수하려면 그 8배의 야채를 먹어야 합니다. 하지만 아무리 맛좋은 야채라 할지라도 대량으로 먹는 것은 어려운 일입니다. 따라서 건강보조식품을 이용하여 영양을 보충하려는 노력이 필요합니다.

언젠가 미국의 UC버클리가 출판하는 「웰네스, 레터」에 이런 글이 실렸습니다.

"베타카로틴, 비타민 C, 비타민 E, 엽산은 질병 예방에 효과가 있다는 것이 전문가들의 공통된 의견입니다."

이처럼 전문가들조차 건강보조식품의 필요성에 대해 커다란 관심을 보이고 있는 것입니다.

건강보조식품과 일반 비타민제의 차이

그렇다면 '건강보조식품'과 약국에서 팔고 있는 일반 '비타민제'는 어떠한 차이가 있는 것일까요?

비타민제는 특별히 어떤 성분을 많이 함유시켜 배합된 의약품으로 제약회사에서 만들어냅니다. 예를 들면 약국에서 팔고 있는 아로나민, 레모나, 리포비타 등이 여기에 해당합니다.

반면, 건강보조식품은 천연물질로부터 추출하여 건조, 농축시킨 것입니다. 그리고 그 형태는 정제, 캡슐 등 다양하지만 '보조식품'인 것에는 변함이 없습니다. 따라서 건강보조식품은 식후에 먹는 것이 아니라 식사와 함께 먹고 그 식사만으로 부족한 것을 보충하는 식품이라고 이해하면 됩니다.

건강보조식품의 기준

오늘날, 건강에 대한 관심이 고조되면서 매우 다양한 건강보조식품이 개발되고 있습니다. 따라서 자신의 몸에 알맞은 것을 선별하는 지혜가 필요합니다.

여기서는 가장 바람직한 건강보조식품의 기준을 알아보겠습니다.

화학적 합성이 아닌, 천연식물로부터 추출된 것

화학적으로 합성한 비타민은 공장에서 만들어지기 때

문에 값은 싸지만 경우에 따라서는 흡수율에 문제가 있거나 효과에 대한 의문이 남는 것도 있습니다.

왜냐하면 몸은 화학적으로 합성한 것과 자연적인 것을 확실하게 구분하는 뛰어난 힘이 있기 때문에 화학적으로 합성한 것은 천연성분보다 흡수율이 낮은 것입니다.

하지만 건강보조식품은 천연성분이 농축되어 들어 있으므로 원재료에 농약 등을 사용하지 않은 제품을 선택할 필요가 있습니다.

원료의 채취와 생산에 이르기까지 신뢰할 수 있는 것

건강보조식품은 양심적이면서 규모가 큰 회사가 원료 취득에서부터 생산에 이르기까지 책임을 지고 일관되게 제조하는 것이 바람직합니다. 특히 건강보조식품은 직접 체내에 들어가는 것이며 건강과 관련된 것이므로 제품을 구입할 때에는 각각의 제품성분이나 제조하는 회사의 내용과 자세 등에 대해 정확하게 조사해야 합니다.

성분표시를 반드시 확인할 수 있는 것

건강보조식품은 장기적으로 계속해서 섭취를 해야 합니다. 따라서 성분표시가 미비하거나 내용물이 부실한 제품은 섭취의 의미를 상실할 수도 있습니다. 건강보조식품에 주로 함유되는 영양소는 다음과 같습니다.

◇ 글루타민 : 지방대사를 촉진하는 아미노산. 두뇌능력에 중요한 역할을 담당함.

◇ 귀리 : 식이 섬유로 성인병을 예방함.

◇ 나이아신 : 당질이나 지방을 에너지로 바꾸는데 필요한 비타민. 결핍 시 피부염, 설사를 유발함.

◇ 대두레시틴 : 대두추출 성분으로 지질대사를 개선해주고 산화를 방지함.

◇ 두나리엘라(베타카로틴) : 바다의 조류생물이 가장 풍부한 천연원천으로 세포의 파괴를 방지하고 면역체계를 높여줌.

◇ 로즈마리잎 : 프랑스, 포르투갈, 스페인 등지에서 자생하는 식물로 기억력, 집중력 증진과 두통, 긴장완화 등의 작용을 함.

◇ 루테인(시금치) : 강한 항산화제로 눈의 망막을 보호하고 시력감퇴 및 백내장 예방.

◇ 리코펜(토마토) : 암세포 억제효과가 뛰어나며 위장관암, 자궁경부암, 전립선암 예방작용이 우수함.

◇ 맥주효모 : 양질의 단백질을 50% 이상 함유. 비타민 B군과 미네랄이 풍부함. 크롬, 셀레늄, 아연의 공급원.

◇ 보라지 오일 : 오메가 6계 필수지방산인 감마 리놀렌산 함유. 지방대사 개선과 호르몬 분비 촉진.

◇ 분리대두단백 : 아미노산과 이소플라본의 소스.

◇ 베타인 : 위장에서의 소화촉진. 알레르기, 빈혈, 천식, 동맥경화, 설사, 담석증, 소화불량, 관절염, 갑상선 질환자의 소화기능

증진.

◇ 베타카로틴(당근) : 체내에서 비타민 A로 전환되어 신진대사, 세포재생에 관여함. 암발생요인 억제, 노화방지.

◇ 브로멜라인 : 단백질의 소화흡수를 돕고 염증억제효과와 부종억제 효과가 있음.

◇ 블랙페퍼 추출물 : 열에너지를 증가시켜 눈으로의 영양공급을 촉진함.

◇ 블루베리 분말 : 모세혈관 강화, 뇌로의 혈액순환 증가. 눈에 대한 저항력 및 야간시력 증진. 백내장 예방.

◇ 비오틴 : 체내 대사 및 에너지 합성에 필수적.

◇ 비타민 D_3 : 장관으로부터의 칼슘, 인의 흡수를 증가시켜줌. 뼈의 형성을 돕고 면역반응을 조절함.

◇ 상어연골 : 연골의 회복을 촉진시키고 관절염 치유에 효과적이며 종양억제 효과가 우수함.

◇ 설포라판(브로커리) : 위장암과 유방암의 위험을 낮추고 암세포 형성을 차단함.

◇ 스피루리나 : 강알칼리성 식품으로 비타민 A 및 B군이 풍부하며 소화흡수율이 뛰어남.

◇ 심황색소 : 소화촉진, 염증예방효과.

◇ 아르기닌 : 세포기능 강화, 단백 동화작용 및 신체 전반적인 기능에 중요한 역할을 담당함.

◇ 알팔파 : 비타민과 무기질이 풍부하고 생체의 모든 대사작용을 원활하게 촉진시켜 줌.

◇ 오이스터 칼슘 : 식용 굴 껍질 추출물로 관절 및 뼈의 형성을 도와줌.

◇ 유청농축단백 : 단백질의 일종으로 체내이용율이 높고 흡수가 빠름. 근육의 유지 및 순수근육 부피 증가시킴.

◇ 은행잎 추출물 : 두뇌에 대한 혈액순환 자극으로 두뇌기능과 기억력 및 경각심을 높여줌.

◇ EPA/DHA오일 : 오메가 3계 불포화지방산으로 혈액순환을 원활하게 하며 지질대사 개선. 뇌, 심장, 관절, 피부에 효과가 뛰어남.

◇ L-글루타민 : 두뇌능력에 필요한 필수적 아미노산. 신경전달물질인 GABA를 도와줌.

◇ L- 티로신 : 신경전달물질인 도파민, 노르에피네프린의 생산을 돕는 아미노산.

◇ 카라기난 : 바다의 홍조류에서 추출한 복합다당류.

◇ 카르니친 : 에너지 생성과 지방대사에 필수적.

◇ 켈프 추출물 : 요오드 성분이 풍부한 해조류. 호르몬 분비를 정상화시키고 염증을 예방.

◇ 타우린 : 동맥경화, 고혈압 등의 성인병 예방.

◇ 티로신 : 신경전달물질의 전구체로 작용하는 필수 아미노산.

◇ 판토텐산 : 당질, 지질 대사에 관여하여 아미노산의 분해 대사과정을 촉진하는 수용성 비타민.

기타 비타민이나 미네랄과 관련된 성분은 제5장에서 자세히 다루고 있습니다.

식이 섬유는 성인병과 당뇨병을 예방한다

식이 섬유란?

식이 섬유는 인간의 소화효소에 의해 소화되지 않는 고분자성분의 총체를 말합니다. 보통 야채, 곡물, 해조 등에 함유되어 있으며 갑각류에서 얻어지는 동물성도 있습니다.

하지만 사람에게 이것을 소화시킬 효소가 거의 없기 때문에 최근까지 우리의 관심을 끌지 못했고 오히려 쓸데없는 찌꺼기 정도로 취급되어 왔습니다. 겨우 변비를 완화시키는 정도의 효과만 인정받아 오던 식이 섬유가 각광을 받기 시작한 것은 1970년대 초 영국의 의학자가 식이 섬유질을 적게 섭취하면 대장암을 비롯하여 성인병에 많이 걸린다는 학설을 발표하면서부터입니다.

섬유질에는 수분이 있기 때문에 배변량을 늘리고 대장의 운동을 촉진시켜 장내 통과시간을 단축시킵니다. 또한 대장 내의 세균에도 영향을 미쳐 발암성 물질의 작용을 억제하므로 대장암을 예방하게 됩니다.

영양학 전문가들의 의견에 따르면 식이 섬유질은 위장의 공복감을 덜 느끼게 하고 음식물의 흡수를 서서히 하도록 하며 콜레스테롤을 걸러내고 장내세균에 의해 발효

되어 배변량을 늘린다고 합니다. 결국 콜레스테롤이나 고혈압이 동맥경화, 심장혈관계통 질환을 비롯하여 각종 성인병의 주범이라는 것을 감안해 볼 때, 식이 섬유의 가치가 대단하다는 것을 알 수 있습니다.

더불어 섬유질은 혈당이 올라가는 것을 막아주므로 당뇨병의 치료와 예방에 좋다는 것이 밝혀졌습니다. 즉, 섬유질을 많이 섭취하면 말단세포의 인슐린에 대한 반응이 높아지는 반면 인슐린의 의존도를 낮추기 때문에 당뇨병 환자들의 혈당조절이 쉽게 이루어지는 것입니다.

그러나 한국인이 많이 먹는 김치나 콩나물 등 나물류에 들어 있는 섬유소는 물에 녹지 않는 불용성 성질의 섬유소로 흡수성이 낮고 위장벽을 자극하며 소화를 방해하므로 변비예방 등 대장기능 증진에 효과가 적습니다.

양질의 섬유소란 흡수성이 뛰어난 반 수용성 섬유소를 말하며 양상추, 오이, 현미가 여기에 속합니다.

식이 섬유의 작용

식이 섬유를 많이 섭취하면 다음과 같은 효과를 기대할 수 있습니다.

① 식이 섬유의 작용으로 소장에서의 소화시간이 길어지며 당분이 급하게 흡수되는 것을 방지합니다. 순도가

높은 당분이 급하게 흡수되면 당뇨병이나 비만의 원인이
되는 것입니다.

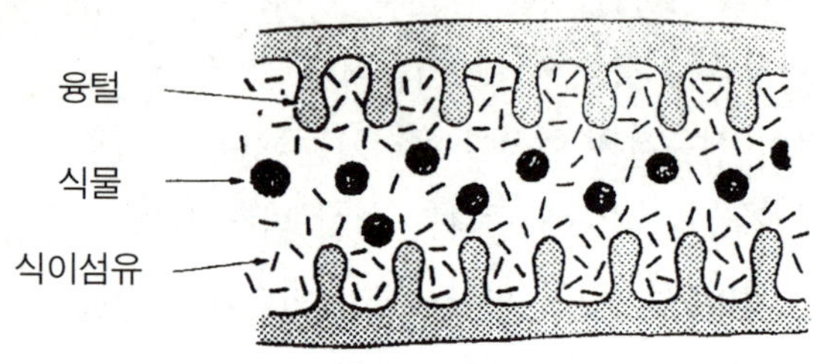

② 식이 섬유를 영양으로 하는 유산균은 몸에 유익한
장내세균인 유산균을 번식시키며 비타민 B군을 많이 생
성합니다.

③ 식이 섬유가 유해물질을 흡수하여 발암작용을 저지
합니다.

④ 식이 섬유가 장벽을 자극하여 배변을 재촉하거나
장내의 이상 발효를 막습니다.

식이 섬유가 많이 함유된 식품

식이 섬유는 하루에 20그램 정도를 섭취하는 것이 좋
으며 비만이나 대장암, 당뇨병, 변비나 설사를 막기 위해
반드시 섭취해야 합니다.

식이 섬유는 다음과 같은 식품에 많이 함유되어 있습니다.

- 현미나 쌀겨
- 알팔파(목초), 시금치, 당근
- 파래, 김, 녹미채

어쩌다 먼 곳을 여행하게 될 때, 여행지에서 변비에 걸리거나 배속의 상태가 좋지 않았던 경험을 한 적은 없습니까? 이것은 장내에 서식하고 있는 비피더스균이나 유산균 등의 '유용한 균'이 스트레스로 감소되고 대신, 웰슈균이나 포도구균 등의 '해로운 균'이 증식했기 때문입니다.

몸이 건강할 때는 이러한 균들이 서로 균형을 유지하지만, 이러한 균형이 깨지면 '해로운 균'이 증식하여 장속의 음식물은 37℃의 무더운 여름날에 방치된 쓰레기 같은 상태가 되고 맙니다.

또한 다음과 같은 경우에 문제가 발생하게 됩니다.

① 동물성 단백질, 지방의 과식, 미네랄, 식이 섬유가 부족한 식사를 했을 때 문제가 생깁니다.

② 계속 스트레스를 받거나 피로가 겹치면 동물성 단백질이 분해되어 그 결과 발생하는 유해가스가 대장의 주

름에서 흡수되어 다음과 같은 일이 일어납니다.

- 어깨 결림, 몸의 부조, 심장발작 등을 일으키기 쉽다.
- 두드러기, 천식, 알레르기 체질이 되기 쉽다.
- 대장암, 직장암, 췌장암, 유방암의 원인이 되기 쉽다.

제4장

비만은 성인병의 원인

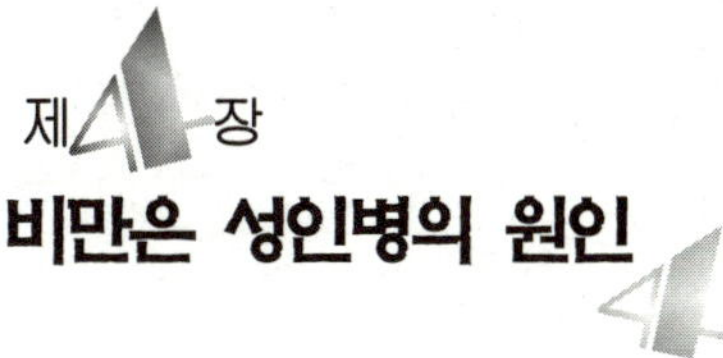

비만과 그 원인

비만의 기준

만약 당신이 비만에 대해 신경이 쓰인다면 다음과 같은 방법으로 그 수치가 얼마인지 계산해 보십시오. BMI식(국제적 비만 평가법) 계산법은 최근 자주 이용되는 기준입니다.

국제비만평가표(BMI식)

■ 비만측정치 : 체중(kg)÷신장(m)÷신장(m)

예를 들어 체중이 64.5kg, 신장 171cm인 사람을 계산해 보면 64.5÷1.71÷1.71=22.1이 됩니다.

이 기준에 따르면 성인 남성의 경우 정상치가 21∼23, 여성은 20∼22로 되어 있습니다. 그리고 성인병의 요주의 상태인 '비만'의 기준은 남성이 27이상, 여성은 26이상으로 보고 있습니다.

또한 현재에는 비만이 아닐지라도 중년이 넘어서면서 살이 찌기 시작할 우려가 있으므로 지금부터 비만에 대해 대비하는 것이 좋습니다.

비만의 원인

비만을 한 마디로 말한다면 '몸의 에너지 교체가 잘 이루어지지 않아 지방이 쌓이기 쉽고 체내의 지방량이 표준보다 많은 상태'라고 할 수 있습니다.

비만의 원인에는 다음과 같은 것이 있습니다.

① 고칼로리 고지방의 편중된 식생활

입맛을 당기는 가공식품, 달콤한 음식, 스낵과자, 패스트푸드 등의 식품은 고지방, 고칼로리에다 비타민과 미네랄이 부족하다는 문제를 안고 있습니다. 따라서 칼로리의 과다섭취나 비타민, 미네랄의 부족을 불러일으키고 그것이 비만을 가져옵니다.

② 폭음과 폭식

과식을 하면 혈액 중의 포도당이나 인슐린이 증가하여

포도당이 지방으로서 지방세포에 축적되기 쉬워집니다. 또한 캔 음료를 벌컥벌컥 마시는 것도 많은 설탕이 지방으로 축적되기 쉬워 비만의 원인이 됩니다.

③ 불규칙한 생활

밤에 자기 전에 고칼로리의 음식을 먹거나 아침밥을 거르는 것도 비만의 원인이 됩니다.

④ 지속적으로 술을 마시는 것

술을 계속 마시면 내장에 지방이 쌓이는 이른바 '맥주배'가 되기 쉽습니다. 그리고 알콜에는 체내에서 지방이 생기는 것을 촉진하는 작용이 있습니다.

⑤ 운동부족

몸을 자주 움직이지 않는 사람은 간장이나 지방세포에서의 포도당을 분해하는 작용이 약해져 있습니다. 따라서 몸에 지방이 쉽게 쌓입니다.

비만은 수명을 단축시킨다

비만은 건강의 적이자 장수의 적입니다. 비만의 정도에 따라 그만큼 건강수준은 저하되는 것입니다.

비만한 사람은 고혈압이나 당뇨병, 고지혈증, 통풍 등 기타 여러 가지 질병에 걸리기 쉬우며 비록 뚜렷한 병에 걸리지 않는다 할지라도 좋을 것이 하나도 없습니다.

하지만 어린이로부터 어른에 이르기까지 어느 세대를 막론하고 비만증이 만연하고 있습니다. 영국에서는 인공영양아가 비만아의 원인이며 이런 어린이는 성인이 된 후에도 비만으로 연결된다고 하여 모유를 적극적으로 권장하고 있습니다.

어른들과 달리 어린이의 비만은 지방세포의 수 자체가 무수히 늘어나는 특징을 보입니다. 반면 어른의 비만은 지방세포의 수가 늘어나는 것이 아니라, 크기가 커지는 것입니다.

그리고 지방세포는 일반세포와 달리 몇 배의 크기로 불어나면서 그 속에 지방을 축적합니다. 그러므로 얼마든지 커질 수 있는 지방세포의 수를 어려서부터 증가시켜 놓으면 성장해서도 문제가 되는 것입니다. 따라서 비만아의 문제는 상당히 심각한 것이라 할 수 있습니다.

스웨덴에서는 전국에 시범지역을 지정하여 중앙정부, 자치단체, 기업체, 가정이 모두 하나가 되어 비만퇴치작전을 벌이고 있을 정도입니다.

어쨌든 살이 찐다는 것은 사람에게 있어 아무런 좋은 점이 없으며 비만의 정도가 높아질수록 그에 따라 생명의 위험도 역시 높아지게 됩니다.

비만자는 심장발작으로 사망할 확률이 높다

비만은 당뇨병의 최대의 원인이라고 합니다. 즉, 비만도가 높을수록 당뇨병에 걸리는 비율도 높아지는 것입니다. 실제로 밀워키의 체중감량클럽 회원 7만3천명을 대상으로 조사한 통계치를 보면, 비만도가 가장 낮은 그룹은 50~59세일지라도 100명 중 당뇨병 환자가 2명 미만으로 나타났습니다.

반면 비만도가 50%를 넘었을 경우에는 그 4배가 넘는 8명 이상이나 되었습니다. 결국 어느 연령층에 해당될지라도 비만도의 상승은 당뇨병의 상승과 정비례한다는 것을 알 수 있습니다.

또한 비만은 심장병의 위험도를 높여줍니다.

어른들의 심장병 원인은 대부분 동맥경화에 의한 것인데, 동맥경화를 촉진시키는 위험인자에는 혈중 콜레스테롤 외에도 고혈압이 있습니다.

그런데 비만은 콜레스테롤치를 높여줄 뿐만 아니라 고혈압과도 직결되어 있습니다. 또한 비만자에게는 담석증이 많이 나타나는데 담석증은 보통 콜레스테롤이 엉켜서 생기는 경우가 많습니다.

그러므로 비만은 높은 콜레스테롤, 높은 혈압 그리고

심장병이나 담석증 등의 질병을 일으키기 쉬운 것입니다.

실제로 네덜란드, 핀란드, 이탈리아, 그리스 등에서 공동으로 동맥경화와 비만과의 관계를 조사한 적이 있는데, 그 결과에 따르면 체중을 10% 감량하면 콜레스테롤은 1dℓ당 11mg씩 내리고 혈압도 내려가며 반대로 체중이 증가하면 혈압도 올라간다고 합니다.

이러한 자료를 볼 때, 체중을 10%로 빼면 심장병으로 사망하는 비율도 감소될 것임을 예측할 수 있습니다. 사실, 심장병 발작을 일으켜 몇 시간 내에 사망하는 급사는 ⅓정도이고, 발작 후 몇 년 동안 생존하는 사람도 적지 않습니다. 그러나 비만자의 경우에는 생존률이 매우 낮게 나타납니다.

그밖에도 비만자는 심장, 폐의 효율성도 매우 나쁜 것으로 나타나고 있습니다. 예를 들어 살이 찐 사람은 같은 양의 혈액이나 산소일지라도 자신의 심장이나 폐를 움직이는데 많이 소비하게 됩니다. 즉, 100의 산소를 호흡으로 얻었다면 마른 사람은 그 중의 95를 몸의 다른 부분에 돌릴 수 있지만, 살이 찐 사람은 그렇게 돌릴 수 있는 여유가 90정도 밖에 안 되고 나머지는 폐 자체를 움직이는데 써야만 하므로 심장이나 폐의 효율성이 떨어지는 것입니다.

어쨌든 비만자는 여러 가지 쓸데없는 부담을 지고 있는 것이 사실이며, 그렇기 때문에 뚜렷한 병에 걸리지 않더라도 수명이 짧습니다. 그 좋은 예로서 일본의 스모선수 평균 수명이 50대 중반이라는 사실을 보면 잘 알 수 있습니다.

그렇기 때문에 전세계 사람들이 다이어트 열풍에 휩싸여 있는데, 다이어트를 할 때에는 철저한 준비와 더불어 영양을 충분히 보충하면서 알맞은 프로그램에 따라 서서히 살을 빼는 것이 중요합니다.

비만과 유사한 셀룰라이트

셀룰라이트란?

이것은 주로 여성의 엉덩이나 허벅지, 다리, 팔 윗부분에 일어나기 쉬운 현상으로 피부표면이 울퉁불퉁하여 마치 오렌지 껍질 같은 피부 모양이 되는데 그 원인이 바로 셀룰라이트입니다. 셀룰라이트는 여성의 호르몬과 밀접한 관계가 있으며 일반적으로 사춘기 이후의 여성에게 생기기 쉽고 마른 사람을 비롯하여 거의 모든 여성에게 나타나는 현상입니다.

이것은 단순한 지방이 아니라 지방과 체내의 수분, 노

폐물이 혼합되어 스펀지처럼 생긴 물질로 정상의 지방처럼 연소되어 신진대사에 필요한 에너지로 전환되지 않는 지방 아닌 지방이라고 할 수 있습니다.

셀룰라이트의 종류

① 단단한 형태

단단하고 작은 덩어리로 뭉쳐진 셀룰라이트로 운동선수 등 마르고 단단한 체격을 가진 젊은 여성에게서 잘 나타납니다.

② 부드러운 형태

두부처럼 부드럽고 넓은 부위에 나타나는 셀룰라이트로 운동하다가 중단한 여성, 급격한 다이어트를 하는 여성에게 잘 나타납니다.

셀룰라이트가 여성에게 많이 발생하는 이유

첫째, 여성호르몬 때문입니다.

여성호르몬은 여성에게 있어 매우 중요한 역할을 하고 있으며 다른 한편으로 모세혈관과 섬유조직에 영향을 주어 셀룰라이트 형성에 결정적인 역할을 합니다. 호르몬의 양이 증가하거나 변화가 많은 시기인 임신기, 생리주기, 피임약 복용시기, 폐경기에 셀룰라이트 형성이 두드러지는 이유도 바로 이 때문입니다.

둘째, 여성의 피하지방층 구조 때문입니다.

여성의 섬유조직은 치밀하게 결합되어 있지 못해 지방층을 잘 누르지 못할 뿐만 아니라, 두껍고 벌집모양으로 되어 있습니다. 이러한 형태가 지방조직 속에서 수분과 노폐물, 지방이 혼합되어 부풀면 결합조직을 밀고 올라와 피부표면이 울퉁불퉁해지는 것입니다.

셋째, 피하조직 중의 혈행 정체현상 때문입니다.

지방세포의 팽배와 더불어 주변의 노폐물이 대사되지 않아 쌓이면 이것이 모세혈관의 혈액순환 장애를 일으켜 지방세포끼리 뭉치게 됩니다. 이것은 큰 덩어리로 성장하여 피부 위로 올라오고 요철모양이 두드러지는 것입니다.

넷째, 활성산소(유해산소) 때문입니다.

유해산소는 혈관손상을 초래하여 셀룰라이트 형성을 촉진합니다.

그밖에도 다음과 같은 요인이 있습니다.

- 신경계 요인 : 지방대사와 관련된 신경전달물질이 특히 엉덩이, 허벅지 부위에 집중되어 있습니다.

- 식이 요인 : 기름지고 단 음식의 과다섭취는 셀룰라이트 형성을 촉진시킵니다.

- 생활습관 요인 : 주로 앉아서 생활하는 여성은 셀룰

라이트가 더 많이 생길 수 있습니다.

  - 심리적 요인 : 스트레스는 유해산소를 유발하여 셀룰라이트 형성을 가중시킵니다.

  - 이외에 사우나, 강도 높은 마사지, 호르몬 보충요법, 피임약 복용, 전문스포츠 활동, 꼭 끼는 옷 등은 셀룰라이트를 악화시킬 수 있습니다.

셀룰라이트와 비만의 차이점

	셀룰라이트	비만
발생원인	여성호르몬의 분비로 인한 혈액순환계의 압박 또는 정체조직의 경직	지방질 음식의 과다섭취 및 지질분해 효소의 작용미비
발생시기	호르몬이 변화하는 사춘기, 피임약 복용, 임신, 폐경기	언제든 발생
발생부위	배꼽아래, 엉덩이, 허벅지, 무릎안쪽, 팔 윗부분 등	신체 전반에 나타남
증 상	오렌지 껍질 같이 피부표면이 요철모양으로 됨	피부가 번들거림
다이어트	효과가 별로 없음	효과 있음

셀룰라이트 분해에 필요한 영양소

① 포도씨 추출물 : 유해산소의 손상으로부터 모세혈관

을 보호하여 정상적인 대사활동을 돕습니다.

② 은행잎 추출물 : 말초의 혈행을 개선하여 혈액순환을 정상화시킵니다.

③ 클로버 추출물 : 혈관을 강화시키는 작용을 합니다.

④ 켈프 추출물 : 호르몬의 분비를 정상화시키고 염증을 예방합니다.

⑤ 정제어유(EPA/DHA) : 혈액의 점성을 저하시켜 혈액순환을 원활하게 합니다.

⑥ 보라지 오일 : 지방의 대사를 개선합니다.

⑦ 대두레시틴 : 지질대사를 개선해 줍니다.

다이어트를 할 때 주의할 점

비만을 해소하기 위해 '감식(減食)'을 하거나 아예 굶는 것은 위험한 일입니다. 다이어트를 할 때, 다음과 같은 점에 주의하지 않으면 오히려 몸을 해칠 수가 있으므로 주의해야 합니다.

최소한의 영양분이나 비타민, 미네랄을 섭취한다

먹는 것을 줄여 일시적으로 체중을 감소시키는 것은 '감량'이 아니라, '쇠약'을 초래하며 몸에 붙어 있던 근육

마저 없어지도록 만들어버립니다.

그 결과, 생리가 멈추거나 머리카락이 빠지고 빈혈, 기력감퇴 등이 일어나며 심하게는 몸을 해칠 우려도 있습니다. 그러므로 다이어트는 영양학 등의 과학적인 지식을 기반으로 적절한 건강보조식품을 이용하며 행하는 것이 바람직합니다.

끈기 있게 장기적으로 서서히 감량한다

예를 들어 무리하게 다이어트를 실행하여 한 번에 5kg의 살이 빠졌다고 가정해 봅시다. 하지만 그렇게 무리를 하게 되면 몸에도 안 좋을 뿐더러 다이어트를 그만두자마자 다시 예전의 상태로 되돌아가고 맙니다.

무리한 감량을 하게 되면 몸이 다이어트에 의한 '굶주림'으로부터 자신의 몸을 지키기 위해 '다음에 영양이 들어왔을 때 확실히 지방으로서 축적하여 굶주림으로부터 몸을 지키자'는 생각을 하게 됩니다.

그렇기 때문에 다이어트를 그만두자마자 지방이 늘어나게 되며 게다가 그 지방은 내장 주위에 달라붙어 여러 가지 성인병의 원인이 되기도 합니다.

이러한 다이어트는 오히려 안 한 것만 못한 결과를 초래하는 셈입니다.

효과적인 다이어트 법

우선 현재보다 더 살이 찌지 않도록 주의하면서 서서히 감량을 실행해 나가는 것이 좋습니다.

오래 씹고 약간 모자란 듯하게 먹는다

다이어트의 비결은 천천히 30번 정도 씹어서 먹는 데 있습니다. 시간을 두고 오랫동안 씹으면 과식도 방지할 수 있으며 포만감도 얻을 수 있습니다.

인간의 위나 영양을 흡수하는 소장의 융모 크기는 식생활의 변화에 민감하게 대응합니다. 따라서 처음에는 다소 인내심이 요구되지만 조금 모자란 듯한 양의 식사를 2주일 정도 지속하면 위의 크기나 소장에 있는 융모의 크기가 작아진다는 연구결과도 있습니다.

이러한 상태가 되면 지금까지의 조금 모자란 듯한 양일지라도 충분한 포만감을 느끼게 됩니다.

하루에 세 번 규칙적으로 먹고 야식은 삼간다

밤이 되면 사람은 부교감 신경의 활동이 활발해지며 인슐린이 증가합니다. 따라서 지방을 세포에 저장하는 작용이 강해집니다. 또한 잠을 자고 있을 때에는 에너지를 별로 사용하지 않기 때문에 이미 섭취한 음식물이 몸에 쉽게 쌓입니다.

그 때문에 잠자기 두 시간 전에는 먹지 않는 습관을 갖는 것이 좋습니다. 또한 아침 식사를 거르는 습관도 과식의 원인이 되므로 바람직하지 못합니다.

저당질, 저지방, 고단백 식품을 섭취한다

① 전분, 당

최근의 연구결과, 여분의 당질은 체내에서 지방으로 변화되기 쉽다는 것이 밝혀졌습니다. 특히 흡수율이 높은 달콤한 과일, 캔 음료, 케이크, 스낵과자를 많이 먹거나 과음하는 것은 주의해야 합니다. 또한 음식의 맛은 싱겁게 하고 설탕의 사용량은 줄여야 합니다.

그리고 밥, 빵, 감자로부터 당질을 흡수하면 소장에서의 흡수시간이 늦어지기 때문에 다이어트에 좋습니다.

② 지방

지방은 고칼로리이지만 리놀산이 많은 식물성 지방이나 생선의 지방을 통해 하루에 30g정도 섭취할 필요가 있습니다. 특히 야채를 볶을 때, 식물성 지방을 사용하여 섭취하면 소량만으로도 오랫동안 든든하며 만족감이 얻어집니다.

③ 단백질

두부를 비롯한 대두가공품을 중심으로 하여 생선, 식물성 단백질로부터 상당부분을 섭취하는 것이 이상적입니다. 특히 대두에 함유된 사포닌이라는 성분은 비만에 대해 효과가 큽니다.

야채를 통해 비타민, 미네랄, 식이 섬유를 섭취한다

① 비타민, 미네랄의 효과

감량을 목적으로 식사량 전체를 줄이면 몸에 필요한 비타민, 미네랄의 양까지 줄어듭니다. 그러면 기력이 없어지고 질병에 걸리기 쉽기 때문에 다른 활동에 좋지 않은 영향을 미치게 됩니다.

그러므로 야채, 해조류, 버섯류 등 칼로리가 낮고 비타민, 미네랄, 식이 섬유를 많이 함유한 음식물을 적극적으로 섭취하는 것이 좋습니다. 특히 야채, 시금치, 부추, 당근 등의 녹황색 채소를 충분히 섭취하는 것이 바람직합니다.

② 식이 섬유의 효과

야채나 해초 등에 함유된 식이 섬유는 다이어트에 있어서 다음과 같은 효과를 발휘합니다.

– 식이 섬유가 많이 함유된 식품을 먹으면 씹는 횟수

가 늘어나기 때문에 과식을 방지합니다.

- 식이 섬유는 위 속에서 수분을 흡수하여 약 10배로 불어나기 때문에 포만감을 얻을 수 있습니다.

- 식이 섬유는 소장 벽에 엉겨붙어 당이나 전분의 흡수를 늦추기 때문에 지방이 지방세포에 둘러싸여지는 것을 방지할 수 있습니다.

적당한 운동을 한다

적당히 운동을 하는 목적은 너무 많이 섭취한 칼로리를 운동에 의해 연소시키는데 있는 것이 아니라, 운동에 의해 체내의 당이나 지방을 연소하기 쉽도록 만들기 위해서입니다.

특히 적당한 운동은 전신을 이용하여 마음 편안하게 장시간 동안 계속할 수 있는 '유산소 운동'이 효과적입니다. 그러면 간장이나 지방세포당의 분해가 활발하게 일어나 체내 지방이 연소되기 시작합니다. 이러한 운동에는 20~30분간 걷거나 체조, 수중 워킹 등이 있습니다.

전철, 버스 등으로 출퇴근을 하는 사람은 한 정거장 전에 내려서 걷는 것도 좋습니다. 그렇다고 인상이 찌푸려질 정도로 심한 운동을 하는 것은 피해야 합니다. 갑자기 많은 운동을 하게 되면 비만 때문에 부담을 느끼고 있던 심장이나 발에 더욱더 부담을 주게 되며 건강을 해치는 원인이 되기도 합니다.

또한 운동을 하여 목이 마를 때, 이온음료를 벌컥벌컥 마시는 것을 주의해야 합니다. 보통 이온음료에는 설탕이 들어 있기 때문에 많이 마시는 것은 다이어트에 역효과를 가져올 뿐입니다.

건강보조식품으로 적절하게 영양을 보충한다

① 부족한 비타민, 미네랄을 보충한다

다이어트로 인해 인체에 필요한 영양분까지 감소된다면 체력 전체가 기력을 잃어 '쇠약'한 몸이 되기 때문에 식사의 질을 생각하는 것이 무엇보다 중요합니다.

만약 식사를 통해 영양을 충분히 흡수할 수 없다면, 영양부족을 보충하기 위해 천연성분으로 이루어진 비타민, 미네랄의 건강보조식품을 먹는 것이 좋습니다.

② 지방의 연소를 촉진하는 미네랄을 보충한다

인간은 나이가 들수록 섭취한 음식물이나 체내에 지방을 분해해서 에너지로 바꿔주는 움직임이 느려집니다. 그러므로 남아 있는 지방분이 배나 내장 주변에 쌓이게 됩니다. 이것이 바로 소위 '중년비만'이라고 하는 것입니다.

물론 탄력 있고 늘씬한 몸매를 유지하기 위해서는 이

러한 군살을 제거할 필요가 있으며 그 방법의 하나로 적
당한 운동이 필요하게 됩니다.

　또 다른 방법은 지방의 연소를 도와주는 일을 하는 미
네랄과 식물성분을 충분히 섭취하여 젊은 사람과 같은 분
해력을 보충해주는 것입니다.

대표적인 식물 영양소

리코핀, 설포라핀

　리코핀은 토마토 껍질 등으로부터 추출된 것으로 베타
카로틴보다 10배 정도의 강력한 항산화제입니다.

　그리고 설포라핀은 브로커리, 양배추로부터 추출된 것
으로 강력한 항산화제입니다.

앤소시아닌, 로이코앤소시아닌

　월귤나무, 포도껍질로부터 추출된 것으로 강력한 항산
화 물질입니다. 특히 앤소시아닌은 혈액 중에 3일간이나
머물며 비타민 C, E의 항산화 작용을 도와줍니다.

　그리고 항산화 효소인 그르타티온사이클을 활성화시킵
니다.

인삼

인삼은 오래 전부터 한방약으로 사용되어 온 것으로 인삼의 성분에는 정신건강을 조절하는 작용이 있어 흥분한 사람을 차분하게 하는 것과 동시에 피곤한 사람에게 활력을 주는 작용도 합니다.

갈시니아, 칸보지아

갈시니아, 칸보지아는 인도네시아산의 자황수 나무진으로 옛부터 약용, 안료, 카레요리의 향신료 등에 사용되어 왔으며 이 물질에 함유된 HCA(히도로키식엔산)은 다이어트에 커다란 효과가 있습니다. 특히 이 성분은 여분의 탄수화물을 글리코겐으로 바꾸거나 식욕을 억제하는 효과가 있는 것으로 판명되었습니다.

운동능력 항상을 위한 프로그램

운동 능력을 항상하기 위해서는 다음과 같은 프로그램을 실행하면 효과적입니다.

탄수화물을 잘 섭취하여 글리코겐을 축적한다

몸의 간장 등에 있는 글리코겐은 운동의 에너지로 사

용되며 탄수화물이 분해되어 생긴 것입니다. 따라서 스포
츠 선수의 식사에는 식사전체의 70%가 당질이 되기 위해
필요한 것들로 짜여집니다.

운동개시 2~4시간 전에 식사를 한다

1시간 이상 운동을 할 경우, 운동개시 2~4시간 전에
한 식사가 바로 에너지원이 됩니다. 식사를 할 경우에는
양질의 단백질이나 단당류, 다당류를 균형 있게 섭취할
필요가 있습니다.

운동개시 30~60분전에 유의할 점

일단 식사를 하게 되면 혈액이 위장으로 모이기 때문
에 혈중의 인슐린치가 상승하여 쉽게 피곤해집니다. 따라
서 운동을 하기 전에 식사를 하는 것은 바람직하지 못합
니다.

운동 중에 에너지를 보충한다

마라톤이나 테니스 등 스포츠경기를 관람하다 보면 선
수들이 게임 도중에 음료수를 마시는 것을 볼 수 있습니
다. 그것은 보통 당질이 함유된 음료수로 당질은 30분에
15~30그램 정도를 섭취하는 것이 좋습니다.

운동 후, 탄수화물과 항산화 물질을 보충한다

첫째, 탄수화물을 보충하여 운동 중에 사용된 글리코겐을 원상태로 복귀시킵니다. 그것을 위해 운동을 하고 난 후에는 1시간 이내에 탄수화물과 단백질을 섭취하는 것이 좋습니다. 특히 근육에서 글리코겐을 저장하는 힘과 근육을 강화시키는 성장호르몬의 분비가 높아지는 것은 운동 완료 후 1시간 후로 알려져 있습니다.

둘째, 비타민과 미네랄 그리고 항산화 물질을 보충합니다. 운동 중에는 많은 에너지가 만들어지기 때문에 그것과 함께 몸 속에 있는 비타민, 미네랄도 많이 사용됩니다. 또한 운동에 의한 활성산소도 다량으로 발생하므로 그것을 제거하기 위한 항산화제를 섭취하는 것이 중요합니다.

수분을 충분히 섭취한다

운동을 계속 하면 체온이 상승하고 운동 중에 사용되는 근육의 온도는 40도 이상이 된다고 합니다. 이 온도를 내리기 위한 움직임이 바로 땀이 나는 현상입니다.

보통 운동 중에는 1시간에 0.5리터에서 2리터 정도의 수분을 잃어버리기 때문에 운동 중에 충분히 수분을 섭취하는 것이 좋습니다.

그리고 물은 위나 소장을 통과하여 대장에서 흡수되므

로 어떻게 하여 단시간 내에 대장까지 도달하게 하느냐 하는 것이 중요합니다. 그것을 위해 8~13도 정도의 엷은 이온음료가 적합하다고 합니다.

또한 운동 중에 나오는 땀은 수분뿐만 아니라 칼륨, 나트륨 등의 전해질도 포함되어 있으므로 이러한 영양소를 보충하는 것에도 신경을 써야 합니다. 왜냐하면 그러한 영양이 결핍되면 신경작용이나 혈압조정 등에 영향을 미치기 때문입니다.

제5장
건강상식과 비타민 · 미네랄의 특징

비타민에 대한 기초지식

■ 비타민 A (베타카로틴)

① 1일 소요량 (최저 필요량의 기준)

남자 성인 2,000IU, 성인 여자 1,800IU

② 특징

지용성으로 열에 약간 불안정하며 비타민 E 등과 결합하면 효과가 높다.

③ 효능

- 위장이나 폐의 점막, 피부를 건강하게 유지시킨다.

- 눈의 기능, 신진대사, 세포재생, 상처회복에 좋다.

- 활성산소를 제거하며 암 예방 등에 도움을 준다.

④ 기타

베타카로틴은 비타민 A가 되기 전의 물질로 필요에 따라 비타민 A가 되므로 몸에는 베타카로틴으로서 섭취하는 것이 안전하며 효과가 있다.

⑤ 주요 함유 식품

뱀장어, 간, 김, 멸치, 파슬리, 계란 노른자, 당근, 녹황색채소, 조류(스피루리나, 두나리엘라 등)

■ **비타민 E (토코페롤)**

① 1일 소요량 (최저 필요량의 기준)

8~10IU(미국), 보통 50~500IU가 바람직하다.

② 특징

지용성 비타민으로 염소에 의해 쉽게 파괴된다.

③ 효능

- 노화 방지 : 세포막 등에 붙어 있는 과산화지질을 제거하여 세포의 수명을 연장한다.

- 임신의 조건을 만듦 : 항체 호르몬을 정상으로 하여 정력을 증진시킨다.

- 호흡기 보호 : 질소산화물 등의 공기오염이 폐의 점막을 손상시키고 세포를 파괴하는 것으로부터 보호한다.

- 운동능력 향상 : 산소의 낭비를 줄인다.

- 뇌졸중, 심장병, 암 예방 : 동맥경화, 암 등의 원인을 만드는 과산화지질이 만들어지는 것을 방지한다.

- 원활한 혈액순환과 치매방지 : 뇌 세포에 원활하게 산소를 공급하여 뇌의 파손을 방지한다.

- 그 밖의 효과 : 스트레스를 완화시키고 지방간, 당뇨병, 갱년기 장애, 관절통, 기미, 검버섯 등의 개선에 도움이 된다. 비타민 E가 결핍되면 동상이나 손, 발이 거칠어지기 쉽다.

④ 주요 함유 식품

현미, 밀, 참기름, 녹황색채소

■ 비타민 B_2 (리보플라빈)

① 1일 소요량 (최저 필요량의 기준)

성인 남녀 1.3mg, 보통 50~100mg이 바람직하다.

② 효능

- 음식물의 소화흡수를 돕고 식품첨가물을 분해하는 일을 도와주어 간장암이나 비만을 예방한다.

- 건강을 유지시켜 출산이나 모유 생성에 도움이 된다.

- 비타민 E와 협력하여 동맥경화를 방지한다.

③ 그 밖의 효과

- 비타민 B_2는 지방을 분해하는 일을 도와준다.

- 비타민 B₂가 부족하면 입의 가장자리가 갈라지거나 구강염이 된다. 또한 눈이 따끔거리고 아프다.

- 장내세균에 의해 합성되지만, 지방이 많은 식사를 하면 장내세균의 활동이 나빠지므로 주의해야 한다. 가능한 한 섬유질이 풍부한 식사를 하는 것이 좋다.

④ 주요 함유 식품

김, 간, 말린 표고버섯, 녹차, 계란, 효모, 요구르트, 미역, 치즈

■ 비타민 C

① 1일 소요량 (최저 필요량의 기준)

성인 남녀 50mg, 보통 500mg 이상이 바람직하다.

② 특징

수용성으로 열, 산소 등에 의해 쉽게 파괴된다.

③ 효능

- 세포와 세포를 연결하는 단백질(콜라겐)을 만든다. 이것이 부족해지면 피부, 점막, 뼈가 약해진다.

- 세포의 노화 방지, 동맥경화 및 백내장도 예방한다.

- 감기, 상처회복, 외상, 감염 등에 대해 면역력을 증강시킨다.

- 담배, 식품첨가물, 화학물질 등의 유해물질을 해독한

다.(500mg 이상)

- 스트레스에 견딜 수 있는 몸을 만든다.
- 두통, 어깨 결림, 피로를 해소한다.
- 철분의 흡수를 도와 빈혈을 방지하므로 적혈구를 늘리려면 철, 동과 함께 비타민 C를 섭취하는 것이 좋다.
- 머리의 기능을 좋게 하고 기미, 주근깨를 방지한다.
- 감기나 독감(유행성감기) 예방에 효과적이다.
- 바이러스로부터 몸을 보호한다.
- 숙취 등을 방지한다.
- 암을 예방하거나 증식을 억제한다.
- 류머티스, 당뇨병, 백내장을 방지한다.
④ 주요 함유 식품
아세로라, 피망, 파슬리, 녹차, 브로커리, 시금치, 김, 레몬, 귤, 유자, 알팔파(목초)

■ 비타민 B_1(티아민)

① 1일 소요량 (최저필요량의 기준)
성인 남녀 1mg, 보통 2.0~5.0mg정도가 바람직하다.
② 특징
수용성으로 장내세균에 의해 합성되어 몸에 흡수된다.
③ 효능

- 초조하고 불안정한 마음을 가라앉힌다.

- 피로물질인 유산을 제거한다.

④ 기타

인스턴트 식품 등을 많이 먹어 B_1이 결핍되기 쉬운 사람에게는 다음과 같은 증상이 생긴다.

- 우울함, 초조감, 불안정한 정신상태가 된다.

- 나른하고 쉽게 피로가 오며 심장이 두근거리고 숨이 차며 식욕이 없다.

⑤ 주요 함유 식품

현미 배아(씨눈), 밀 배아, 김, 대두, 참깨, 표고버섯

■ 비타민 B_5 (판토텐산)

① 1일 소요량 (최저 필요량의 기준)

10mg(미국), 보통 10~50mg이 바람직하다.

② 효능

- 부신을 강하게 만들고 스트레스나 피로에 강한 몸을 만든다. 또한 항생물질의 부작용에도 대항한다.

- 면역의 단백질을 만들며 감기나 독감(유행성 감기)에 강한 몸을 만든다. 이것이 결핍되면 오후부터 졸음이 오거나 식욕부진, 현기증, 피로 등이 느껴진다.

③ 기타

- 장내세균에 의해 합성되지만 스트레스, 약물 등으로 장내의 상태가 나빠지면 결핍증이 생긴다.

④ 주요 함유 식품

간, 효모, 녹황색채소

■ 비타민 B_3 (나이아신, 니코틴산)

① 1일 소요량 (최저 필요량의 기준)

16㎎, 보통 50~100㎎이 바람직하다.

② 특징

비타민 B군 중에서도 가장 필요량이 많으며 일부는 체내에서 만들어진다.

③ 효능

- 신경이나 정신을 안정시킨다. 이것이 결핍되면 현기증, 두통, 불면증 등이 일어난다.

- 인슐린의 합성을 도와 당을 에너지로 바꾼다. 비타민 B_2와 함께 지방을 분해하고 비만방지에 도움을 준다.

④ 주요 함유 식품

계란, 무화과, 간

■ 비타민 B_6 (피리독신)

① 1일 소요량 (최저 필요량의 기준)

1.6~2.0mg(미국), 보통 20~50mg이 바람직하다.

② 효능

- 단백질이 만들어지는 것을 돕기 때문에 노화방지에 도움을 준다. 특히 피부 표피의 털, 치아에 윤이 나게 하는 물질 등을 만드는 단백질을 생성하는 작용을 돕기 때문에 충치예방 등에 효과가 있다.

- 간장의 해독작용을 증진시킨다. 따라서 술이나 독물의 분해를 높인다.

- 지방의 분해를 돕는다. 그러므로 지방간, 간경변, 동맥경화, 당뇨병 예방에 효과가 있다.

③ 기타

비타민 B_1, B_2, B_5, 비타민 C 등과 함께 섭취하면 B_6의 효과가 높아진다.

④ 주요 함유 식품

맥주 효모, 간, 현미 배아, 대두(大豆)

■ 엽산

① 1일 소요량 (최저 필요량의 기준)

180~200mcg(미국), 보통 400mcg~5mg이 바람직하다.

② 효능

- 적혈구를 만든다. 따라서 빈혈기가 있는 사람은 많이

섭취하는 것이 좋다.

－ 세포를 새롭게 만드는데 도움이 된다. 특히 입 속이나 장의 점막재생, 모체 내의 태아, 수유아의 성장에 도움이 된다.

－ 건강한 피부를 만든다.

③ 기타

엽산이 효과적으로 작용하려면 비타민 B_{12}나 비타민 C가 필요하다.

④ 주요 함유 식품

당근, 녹황색채소, 간, 계란노른자

■ 비타민 B_{12}

① 1일 소요량 (최저 필요량의 기준)

2.0~2.6mcg(미국), 보통 5~50mcg가 바람직하다.

② 특징

한 번 사용된 엽산을 원상태로 되돌리는 작용을 한다.

③ 효능

－ 뇌와 신경세포의 활동을 돕기 때문에 기억력, 집중력 등을 높이는 데 도움이 된다.

－ 엽산을 도와 세포를 만드는 기능을 높인다. 이것이 결핍되면 위장의 상태가 나빠지거나 어린이 성장이 둔해

진다.

④ 주요 함유 식품

우유, 간, 계란

■ 비타민 H (비오틴)

① 1일 소요량 (최저 필요량의 기준)

100~300mcg(미국), 보통 25~300mcg가 바람직하다.

② 효능

- 당과 지방의 분해를 돕는다. 이것이 결핍되면 피로, 우울증, 고콜레스테롤증을 초래하기 쉽다.

- 대머리나 백발을 예방한다.

③ 기타

장내세균에 의해서도 만들어지며 날계란의 흰자위는 비오틴의 흡수를 방해한다.

④ 주요 함유 식품

간, 우유, 맥주효모, 현미

■ 비타민 D

① 1일 소요량 (최저 필요량의 기준)

100IU, 보통 400~1000IU가 바람직하다.

(성장기 어린이는 400IU, 햇빛 받을 기회가 적은 사람

은 500IU 이상이 바람직하다.)

② 효능

- 칼슘을 운반하며 뼈에 칼슘을 침착시키는 데 도움이 된다. 이것이 결핍되면 곱사병, 골다공증, 치주염 등을 일으킨다.

- 비타민 A의 흡수를 돕는다.

- 인을 운반하고 혈액 중에 인의 양을 일정하게 한다.

③ 기타

- 비타민 D는 지용성으로 80%는 피부에서 만들어진다. 따라서 일광욕을 하는 것이 좋지만 심하게 피부를 태우는 것은 좋지 않다. 또한 비타민 D는 칼슘과 함께 섭취하는 것이 중요하다.

- 척추가 굽는 현상은 비타민 D 부족, 일광욕과 칼슘 부족, 운동부족 등이 원인이다.

- 비타민 D와 칼슘이 부족하면 혈관에 칼슘이 붙어 동맥경화가 되기 쉽다는 보고도 있다.

- 칼슘의 과잉섭취 때문에 혈관에 칼슘이 쌓이는 것이 아니라, 그 반대라는 점에 주의할 필요가 있다.

④ 주요 함유 식품

정어리, 고등어, 새우, 가다랭이, 계란, 뱀장어

미네랄에 대한 기초지식

■ 마그네슘(Mg) * ( )안은 원소기호

① 1일 소요량 (최저 필요량의 기준)

250~350mg(미국), 성장기의 어린이는 450mg, 성인은 500mg 이상이 바람직하다. 또한 칼슘의 ½의 양을 섭취하는 것이 좋다.

② 효능

- 심장병, 동맥경화를 예방한다. 이것이 결핍되면 혈소판(혈액 중의 피를 굳히는 물질)이 달라붙기 쉽게 하므로 피가 쌓이기 쉽다. 또한 심장근육의 움직임에 나쁜 영향을 준다.

- 당분, 지방분, 단백질의 합성에 도움이 된다. 이것이 결핍되면 초조해지거나 사고력 저하를 일으키며 마그네슘을 충분히 섭취하는 것이 당뇨병 예방에 도움이 된다.

③ 주요 함유 식품

참깨, 현미, 바나나, 살구, 사과, 두부

■ 인(P)

① 1일 소요량 (최저 필요량의 기준)

800mg(미국), 보통 칼슘과 같은 600mg 정도가 좋다.

② 효능

칼슘, 비타민 D와 함께 여러 가지 역할을 한다.

③ 기타

가공식품의 보존료, 캔 음료의 산미료, 육류 등에 상당한 양의 인이 함유되어 있다. 인을 과잉 섭취하면 칼슘부족을 일으켜 미네랄의 균형을 깨뜨리게 되므로 인은 부족보다 과잉섭취에 주의해야 한다.

④ 주요 함유 식품

육류, 가공식품, 청량음료

■ 칼슘(Ca)

① 1일 소요량 (최저 필요량의 기준)

성인 남녀 600mg, 보통 1,000mg이 바람직하다.

② 효능

- 정신을 안정시킨다. 이것이 결핍되면 초조해지거나 불면증이 나타나며 스트레스를 견디지 못하게 된다.

- 근육의 움직임을 향상시킨다. 결핍되면 손과 발의 떨림이나 경련이 일어나며 심장의 움직임에도 나쁜 영향을 미친다.

- 골다공증, 치주염을 예방한다. 그러므로 20세까지 가능한 한 뼈에 칼슘을 저장해두는 것이 좋다.

③ 기타

- 혈액 중의 칼슘과 인의 비율은 1:1이 이상적이며 인스턴트식품으로 인한 인의 과잉섭취는 칼슘이 혈액 중에 흘러가 버려 그만큼 여분의 칼슘이 필요하게 된다.

- 칼슘과 함께 마그네슘을 칼슘의 ½ 비율로 섭취하는 것이 중요하다.

- 심근경색 예방 등에 도움이 된다.

④ 주요 함유 식품

대두(大豆), 팥, 풋콩, 참깨, 뱅어포, 우유, 정어리

■ 칼륨(K)

① 1일 소요량 (최저 필요량의 기준)

성인 남녀 5g이 바람직하다.

② 특징

여분의 나트륨을 체외로 내보내는 작용을 한다. 따라서 나트륨의 과잉섭취는 칼륨 부족을 일으킨다.

③ 효능

- 세포의 안쪽에서 체액의 농도를 유지하여 나트륨에 의한 혈압상승을 방지한다.

- 체내에 불필요한 물질을 제거하는 작용을 증진시킨다. 이것이 결핍되면 근육이나 장의 움직임이 나빠진다.

- 에너지의 이용을 높인다. 하지만 결핍되면 저혈당증, 당뇨병을 악화시키며 설탕의 과잉섭취도 칼륨의 부족을 초래한다.

④ 기타

커피, 술, 단 음식은 칼륨의 감소를 초래한다.

⑤ 주요 함유 식품

우유, 살구, 견과류, 바나나, 가다랭이

■ 나트륨(Na)

① 1일 소요량 (최저 필요량의 기준)

성인 남녀 3g까지가 바람직하다.(식염은 6g까지)

② 특징

지나치게 부족하면 무기력, 식욕부진, 초조함 등이 나타나지만 현대인은 오히려 과잉섭취에 주의해야 한다. 특히 나트륨은 가공식품에도 식염의 형태로 다량 함유되어 있기 때문에 과잉섭취하기 쉬우며 나트륨을 과잉섭취하면 칼륨의 부족을 초래하여 고혈압을 불러일으킨다.

③ 기타

감자 칩 등의 스낵과자, 마가린, 햄, 소시지 등의 가공식품은 나트륨을 다량 함유하고 있으므로 주의해야 하며 조미료의 과다사용에도 주의해야 한다.

④ 주요 함유 식품

식염, 갑각류, 베이컨

■ 철(Fe)

① 1일 소요량 (최저 필요량의 기준)

성인 남자 10㎎, 여자 12㎎

② 효능

- 동의 도움을 받아 적혈구 속의 헤모글로빈(산소를 운반하는 물질)을 만든다. 이것이 결핍되면 빈혈, 피로, 학습능력의 저하, 현기증, 얼굴이 창백해지는 증상이 나타난다.

- 수은, 카드뮴 등의 유해 금속의 작용을 억제한다.

③ 주요 함유 식품

굴 등의 조개류, 마른 멸치, 견과류, 팥, 참깨

■ 동(Cu)

① 1일 소요량 (최저 필요량의 기준)

성인 남녀 1.1~1.6㎎

② 효능

- 철에서 헤모글로빈이 만들어지는 것을 돕는다.

- 몸이 비타민 C를 이용할 때 도와준다.

③ 기타

동의 과잉섭취는 아연의 부족을 초래하기 쉽다.

④ 주요 함유 식품

어패류, 녹황색채소, 간, 견과류

■ 아연(Zn)

① 1일 소요량 (최저 필요량의 기준)

15mg(미국), 보통 30~50mg이 바람직하다.

② 효능

- 상처가 낫는 속도를 빠르게 하고 성장을 촉진한다.
이것이 결핍되면 세포분열이 일어나기 어려워지며 미각
이상이나 정력감퇴 등이 나타난다.

- 스트레스에 강하고 활력 있는 몸을 만든다.

- 초조함과 암, 우울증, 간장의 질병, 당뇨병 등을 예방
하고 수은, 카드뮴 등 유해 금속의 활동을 억제한다.

③ 주요 함유 식품

굴 등의 조개류, 말린 정어알, 대구알, 견과류

■ 크롬 (크로뮴;Cr)

① 1일 소요량 (최저 필요량의 기준)

50~200mcg(미국)

② 효능

당분을 분해하는 호르몬인 인슐린의 작용을 활발하게 한다. 따라서 당뇨병, 동맥경화, 고혈압 등을 예방한다.

③ 기타

식이 섬유를 많이 섭취하면 장내세균에 의해 크롬 화합물이 생성되며 이것이 인슐린의 작용을 좋게 한다.

④ 주요 함유 식품

밀 배아(씨눈), 굴 등의 조개류, 닭고기, 간

■ 셀렌 (셀늄;Se)

① 1일 소요량 (최저 필요량의 기준)

50~70mcg(미국), 보통 50~100mcg가 바람직하다.

② 효능

- 항산화 작용이 있어 비타민 E 등과 함께 과산화지질이 발생하지 않도록 한다. 이것이 결핍되면 동맥경화나 노화가 일어난다.

- 암을 예방하는 힘을 강하게 한다.

- 수은, 카드뮴 등 유해 금속의 작용을 억제한다.

③ 주요 함유 식품

어패류, 간, 토마토, 브로커리, 우유

■ 망간 (Mn)

① 1일 소요량 (최저 필요량의 기준)

2~3㎎(미국), 보통 2~9㎎이 바람직하다.

② 효능

- 뼈를 만드는 기능과 효소의 작용을 강하게 한다. 이
것이 결핍되면 골다공증이 된다.

③ 주요 함유 식품

견과류, 녹황색채소, 현미

■ 요오드 (I)

① 1일 소요량 (최저 필요량의 기준)

150㎎(미국)

② 효능

- 노화와 정력의 감퇴를 억제한다.

- 여분의 지방을 연소시켜 비만을 방지한다.

- 갑상선에서의 호르몬 합성을 높인다.

③ 주요 함유 식품

해초류, 어패류

그러면 각종 질병과 예방에 대한 효과적인 대책을 표
를 통해 쉽게 알아봅시다.

병 명	증상 및 주된 원인	효과적인 비타민, 미네랄. 기타
빈혈	혈액 중의 적혈구가 감소	철, C, 동, 엽산, B_{12}
당뇨병	혈액 속의 당을 효율적으로 연소시키지 못해 혈액 속에 당이 쌓인다.	B_1, B_2, E, C, 크롬, 망간(당분을 줄이고 식물섬유를 많이 섭취한다)
두통	두개골 내의 혈관의 수축, 확장 등	B_1, B_8, C, E, 칼슘, 마그네슘
위·십이 지장 궤양	위액과 점막의 균형이 깨져 위 및 장의 벽이 헌다.	E, A, C, 비타민 U
피부병. 알레르기 성 비염	다른 종류 단백질로의 과민반응이 일어난다.	B_5, B_6, 망간, C(지방과 육류를 과 잉섭취 하지 않는다)
심장병	심근에 혈액이 도달하기 어려워짐.	E, C, B_2, B_1
뇌졸중	뇌혈관이 막히거나 파괴됨.	E, C, 콜린
요통	척추가 어긋나거나, 자세가 바르지 못함.	C, E(B_1, B_6, B_{12}.아연) - 갑자기 오는 증상 C, E - 스트레스성 (좋은 자세)
동맥경화	과산화지질이 동맥 내벽에 쌓인다.	E, B_2
불면증	영양 부족이나 불균형	B균, C, 칼슘, 마그네슘, 아연(설 탕 줄이고 식물섬유를 늘인다)
골다공증	뼈에서 칼슘이 녹아 나와 뼈에 구멍이 생긴다.	D, C, 칼슘, 가벼운 운동

병 명	증상 및 주된 원인	효과적인 비타민, 미네랄, 기타
통풍	혈중 요산치가 높아진다.	엽산, B_{12}(알콜 특히 맥주를 주의한다)
신장결석	신장에 칼슘 알갱이들이 돌처럼 쌓인다	비타민 C
치질	항문 점막의 상처	A, C, E, 식물섬유, 아연, 망간
구내염	입 속에 작은 수포가 생긴다.	B_2, B_6
백내장	눈의 렌즈가 하얗고 탁하게 되어, 눈이 잘 보이지 않게 된다.	C, B_2
우울증	r-아미노낙산의 감소	B_6, 칼슘
만성관절 류머티스	손마디 및 손목의 관절이 아픔	C, E, 아연, 칼슘
자율신경 실조증	쉽게 피곤해지며 의욕 및 식욕이 없고 두통과 현기증이 있다.	비타민 전체의 결핍
곱사병	뼈가 약해져 부러지기 쉽다.	D, 햇빛을 자주 쬔다
야맹증	밤에 잘 보이지 않음.	A
각기병	다리가 나른하며 피곤해지기 쉽다.	B_1

목 적	주된 대책	효과적인 비타민. 미네랄. 기타
피로, 어깨결림	에너지의 연소를 효과적으로 한다	B_1, C, E, 비타민 전체
기미, 주근깨 없앰	피의 흐름을 좋게 한다	E(C는 예방에 효과 있음)
노화방지	혈관을 튼튼하게 하고 동맥경화 방지	E, C, B군, 아연, 마그네슘
머리회전을 좋게 한다	피로방지. 집중력, 의욕을 높인다	B_1, B_6, C, E, 칼슘, 미네랄 전반(설탕, 가공식품의 과잉 섭취 주의)
배변을 좋게 한다	스트레스를 해소하고, 식물섬유를 많이 섭취한다	식물섬유를 섭취한다
스트레스를 해소한다	부신피질 호르몬의 생성을 활발하게 한다	C, E, B_6, 칼륨, 칼슘, 비타민 전반
감기예방	면역세포를 늘린다	C, E, A(점막을 튼튼하게 한다)
집중력을 높인다	에너지의 연소를 효과적으로 한다	B_1, 비타민 전체, 칼슘, 아연, 셀렌(설탕 과잉섭취에 주의. 식물섬유 섭취)
생리통을 가볍게 한다	자궁의 근육통 및 여성 호르몬의 불균형을 고친다	B_6, E, C
암의 예방	유해산소 및 과산화지질의 발생 방지	A, C, E
근육 통증을 제거한다	에너지의 연소를 높이고, 피로를 푼다	B_1, E
담배의 해를 줄인다	다량으로 발생하는 유해산소 제거	C, A
갱년기장애 예방	자율신경을 정상으로 유지	E, C, 미네랄 전반
술로 인한 해를 줄인다	간 기능을 높이고, B_1의 흡수율을 높인다	B_1
간장을 튼튼하게 한다	간장에 과산화지질이 축적되지 않도록 한다	B군, A, C, E

목 적	주된 대책	효과적인 비타민. 미네랄. 기타
정력을 높인다	뇌의 혈액흐름 원활하게	E, C, 아연
머릿결을 부드럽게	머리카락 및 피지호르몬 분비를 높여 산화 방지	E
잇몸 출혈 방지	세포의 연결 강하게 한다	C
피부를 아름답게	피부와 점막을 보호한다	A, B_2, B_6, C, E, 아연
냉증방지	혈액의 흐름을 좋게 한다	E, B_8, 요오드
임신, 수유 중 건강유지	칼슘 흡수를 좋게 하며 모유 질을 높이고 트림을 고친다	D, C, B_{12}. 엽산, B_6, 미네랄 전반
노인치매 방지	뇌 세포 세포막의 산화방지	B_1, B_6, E
어린이 성장촉진	골격 및 뇌 기능을 높인다	C, B군, 칼슘, 요오드, 아연, 망간(설탕 및 가공식품의 과잉섭취를 피한다)
비만해소	체내의 지방을 연소시켜 에너지로 바꾼다	B_1, B_2, C(설탕의 과잉섭취에 주의. 식물섬유의 섭취)
골격 건강유지	칼슘의 흡수를 높인다	D, C, 칼슘, 마그네슘
위장 건강유지	위장의 활동을 높인다	C, 식물섬유(가공식품, 동물성 지방의 과잉섭취를 삼간다)
무좀, 사마귀 치료	피부의 상처를 없애고 튼튼하게 한다	C, A, E
고혈압의 방지	동맥경화를 억제하고 스트레스를 없앤다	E, B_2, C, 칼슘, 마그네슘(식염을 줄인다)
천식, 대기오염으로부터 몸 보호	알레르기 반응을 억제하고 점막을 보호한다	C, A, E, 셀렌, 아연
수술 후 조기회복	상처를 빨리 낫게 한다	E, C, 비타민, 아연, 미네랄 전반

에필로그

지금까지의 내용으로 우리가 알 수 있는 것은 올바른 식생활로 성인병을 예방하는 것이 가능하다는 점이며 또한 건강보조식품을 통해 부족한 영양소를 보충할 수 있다는 것입니다

예를 들어 비타민 C 하나만 보더라도 그것을 대량으로 사용하면 암에 효과가 있다는 보고가 있습니다. 또한 베일러대 의과대학 신경외과 교수인 그린우드 2세는 척추디스크나 등뼈의 이상을 보호 및 예방하는데 있어서 다량의 비타민 C가 효과적이라는 실험결과를 보고했습니다. 그리고 유행성 간염을 앓는 어린이에게 하루에 10g의 비타민 C를 투여하여 성공적으로 치료한 사례도 있습니다. 더불어 비타민 C를 하루에 0.5g~1g씩 투여하면 땀띠에도 효과적이라고 합니다.

　미국의 국립암연구소가 '암을 예방하는 식사'에 대해 연구를 시작한 것은 1977년으로 1980년에는 암을 예방하는 7개의 식사법을 제안하고 있습니다.

　① 동물성지방 및 식물성지방의 섭취를 줄인다.

　② 녹황색채소의 섭취를 충분히 늘린다.

　③ 언제나 약간 부족한 듯하게 먹는다.

　④ 비타민류 특히 비타민 A, C, E를 충분히 섭취한다.

　⑤ 셀레늄, 아연, 칼슘 등 미네랄을 충분히 섭취한다.

　⑥ 야쿠르트 등 발효균을 이용한다.

　어쨌든 현대의학이 가장 관심을 집중하는 것 중의 하나는 '영양의 불균형은 비타민, 미네랄 등 미량영양소와 섬유질의 부족이 원인'이라고 하는 점입니다.

　특히 암에는 셀레늄이라는 미네랄에 비타민 A, C, E 등을 겸용하면 훌륭한 예방책이 된다고 합니다. 또한 스웨덴의 조사연구에서는 철분의 부족이 식도암의 원인이 된다고 합니다. 더불어 동맥경화증의 예방에는 비타민 B6, 아연, 마그네슘 등이 효과가 있다는 사실도 밝혀졌습니다.

　그리고 당뇨병은 아연과 크롬 부족이 중요한 원인이며 백내장의 예방에는 셀레늄이 위력을 발휘한다는 사실도 알려졌습니다.

따라서 선진국에서는 이러한 미량영양소의 문제를 해결하기 위해 가정에서의 식사만으로 부족할 때에는 건강보조식품의 형태로라도 적극적으로 섭취할 것을 권장하고 있습니다.

결과적으로 볼 때, 우리가 비만증에 걸리지 않고 균형 있는 몸매와 건강한 육체를 소유하려면 다음과 같은 약 40여종의 영양소가 필요합니다.

① 비타민류

비타민 B_1, B_2, 나이아신, 판토텐산, 비타민 B_6, 비타민 B_{12}, 비타민 A, 비타민 D, 비타민 E, 비타민 K, 콜린, 이노시톨, 엽산.

② 미네랄류

칼슘, 염소, 칼륨, 마그네슘, 나트륨, 인, 코발트, 크롬, 구리, 철, 요오드, 망간, 아연, 몰리브덴, 셀레늄.

③ 아미노산

라이신, 트립토판, 페닐알라닌, 트레오닌, 메티오닌, 류신, 아이소류신, 발린.

④ 기타

레시틴, 리놀산, EPA, 섬유질.

이러한 영양소들은 식사뿐만 아니라 지금까지 말해 온 대사장애, 내분비이상, 스트레스 등에도 좋은 영향을 미칠 수 있도록 짜여진 것입니다.

물론 왜 이렇게 많은 영양소가 필요한 것인지 궁금하게 생각할 지도 모릅니다.

하지만 한 가지 예를 들어 봅시다. 포도당을 탄산가스와 물로 분해하는 영양대사에는 비타민 B 복합체와 더불어 마그네슘과 망간도 절실히 필요합니다. 즉, 영양소들은 서로서로 도움을 주고받으며 우리 몸에 필요한 각각의 역할을 담당하는 것입니다.

그러므로 건강한 삶을 살아가기 위해서는 균형 있는 식생활, 영양의 밸런스가 무엇보다 중요하게 됩니다. 이제 우리는 건강에 관한 문제를 더 이상 약과 수술이라는 의학에만 맡겨둘 수는 없습니다.

결국 건강은 약이 아니라 식사 즉 영양이 지켜주는 것임을 깨닫고 불균형한 영양상태를 조절하려는 노력, 예를 들면 건강보조식품을 통해 영양의 균형을 유지하는 것과 같은 노력을 기울여야 하는 것입니다.